I0889764

犍陀罗美术与希腊—罗马世界:简明导论

犍陀罗美术与希腊—罗马世界：简明导论

[英]彼得·斯图尔特(Peter Stewart) 著
李怡淙 译

ARCHAEOPRESS ARCHAEOLOGY

ARCHAEOPRESS PUBLISHING LTD
13–14 Market Square
Bicester
Oxfordshire OX26 6AD
United Kingdom
www. archaeopress. com

ISBN 978-1-80327-865-0
ISBN 978-1-80327-866-7 (e-Pdf)

Front cover: schist standing figure of the Buddha, *c.* third century AD. New York, Metropolitan Museum of Art, inv. 67. 154. 5 (Photo: Metropolitan Museum of Art, CC0 licence).
Back cover: schist relief from a Gandharan monument, *c.* first to second century AD. Cleveland, OH, Cleveland Museum of Art, inv. 1930. 328 (Photo: Cleveland Museum of Art, CC0 licence).
Background image: reverse of a Gandharan schist relief of the Buddha. Cleveland Museum, inv. 1976. 152 (CC0 licence).

Published in association with the Gandhara Connections project of the Classical Art Research Centre

With the generous support of the Bagri Foundation

This book is available direct from Archaeopress or from our website www. archaeopress. com

ARCHAEOPRESS PUBLISHING LTD
13–14 Market Square
Bicester
Oxfordshire OX26 6AD
United Kingdom
www. archaeopress. com

ISBN 978-1-80327-865-0
ISBN 978-1-80327-866-7（电子书）

封面：片岩立佛像，约公元3世纪。纽约，大都会艺术博物馆，藏品编号67. 154. 5（Photo： Metropolitan Museum of Art， CC0 licence）。
封底：来自某座犍陀罗纪念建筑的片岩浮雕像，约公元1、2世纪。克利夫兰，克利夫兰艺术博物馆，藏品编号1930. 328（Photo： Cleveland Museum of Art， CC0 licence）。
背景图：一尊犍陀罗片岩浮雕佛像的背面。克利夫兰艺术博物馆，藏品编号1976. 152（CC0 licence）。

与古典艺术研究中心的 Gandhara Connections 项目联合出版

在 Bagri 基金会的慷慨支持下

本书可直接从 Archaeopress 或我们的网站 www. archaeopress. com 购买

目录

序言

本书的构想源自牛津大学古典艺术研究中心（Classical Art Research Centre）的犍陀罗连接（Gandhara Connections）项目。该项目在巴格里基金会（Bagri Foundation）与尼尔·克莱特曼基金会（Neil Kreitman Foundation）慷慨资助下于2016年启动，随后也获得Richard Beleson助力。这项行动的总体目标是支持并促进对一项引人入胜、魅力无穷的课题的研究学习：犍陀罗地区的古代佛教美术。我们更具体的意图，是就一个自19世纪最早研究犍陀罗美术以来，始终使学者苦思冥想、沉浸其中的问题提供新线索：为何犍陀罗美术看起来那样广泛地借鉴了古希腊与罗马艺术?

在六年间，犍陀罗连接项目为该课题研究创造了丰富资源，包括发表在其年度国际研讨会上的一系列学术论文的开放获取文集，由我与同事Wannaporn Rienjang合作编辑。这些资源可在项目网站永久访问（www.carc.ox.ac.uk/GandharaConnections）。然而，在项目进行期间，我被反复问及的一个问题是："有哪些简短易懂的犍陀罗美术入门书可供阅读呢?" 这个问题并无简单答案。在任何语言中，就该主题准确而时新、结合通俗概括与翔实学术信息的导论都为数不多。因此，犍陀罗连接项目的结束似乎是撰写这本小手册的合适时机，并在印刷出版的同时，将其以类似的开放获取形式呈现，从而接触到尽可能广泛的受众。

这称不上是对犍陀罗美术的全方位介绍。作为希腊罗马艺术与考古领域的专门家，我并不胜任这种概论的写作。本书的重点即项目自身的主题：这样一种犍陀罗美术与古典传统，即数千公里以西希腊—罗马地中海艺术传统的联系。尽管如此，我已多少强调，对犍陀罗美术的阐释应始自其本身、直接语境。这首先是佛教的、亚洲的美术，不应由其与希腊—罗马世界的关联而定义，无论这种联系是多么引人好奇、令人兴奋。

本书不仅面向某一类读者，而是适合任何有兴趣探索犍陀罗美术的人。我已尽可能尝试简明扼要地传达信息。同时，我在脚注中有选择地引用了特别为我提供信息、或将允许读者了解更多的学术文献。本书最后提供了利用丰富犍陀罗美术参考书目进行拓展阅读的指导。

我对犍陀罗美术的认识不仅受惠于这些学术研究，还来自诸多难以在此一一列举的伙伴与同事，他们在犍陀罗连接项目进程中教给我许多。犍陀罗美术研究是我所知最包容、友好的领域之一。尤其是，我要感谢Wannaporn Rienjang——自始至终推进犍陀罗连接项目的兼任项目协调人与项目顾问，Stefan Baums、Kurt Behrendt、Shailendra Bhandare、Robert Bracey、Pia Brancaccio、Joe Cribb、Elizabeth Errington、Anna Filigenzi、David Jongeward、Rafiullah Khan、Christian Luczanits、Lolita Nehru、Luca M. Olivieri、Jessie Pons、Juhyung Rhi、Abdul Samad、Martina Stoye和杨巨平。Luca M. Olivieri就来自巴里果德的写本给予诸多评论，而Sarah Knights Johnson审慎核对了校样。我必须特别感谢Andrew Wong，他的建议使本书构思在我脑海中具象化，并使终稿得到改进；以及巴格里基金会，正是他们的慷慨和热情使本书得以问世。

彼得·斯图尔特

古典艺术研究中心，牛津市

2023年9月

第一章

何谓犍陀罗美术

引入犍陀罗

在如今的巴基斯坦北部，距首都伊斯兰堡不远处，喀布尔河、印度河和它们的支流塑造出一片低洼盆地（图1）。山地将其环抱：南有切拉特山丘（Cherat Hills），其他方向有克什米尔诸山和兴都库什山脉边缘。在西侧，白沙瓦市附近的开伯尔山口（Khyber Pass）延伸至阿富汗。这片区域并不十分广阔——最宽处不过125公里——却在古代艺术史上享有盛誉。

这便是古代文献中称作犍陀罗的地区。[1] 这个术语并不精准，即便在古代也会激发不同联想。如今，它通常用来指代“大犍陀罗”（Greater Gandhara）——一片更为辽阔、具有共同艺术和文化特征的地域，包括位于正北方的斯瓦特河谷（古乌仗

图1：白沙瓦河谷主要犍陀罗遗址分布图

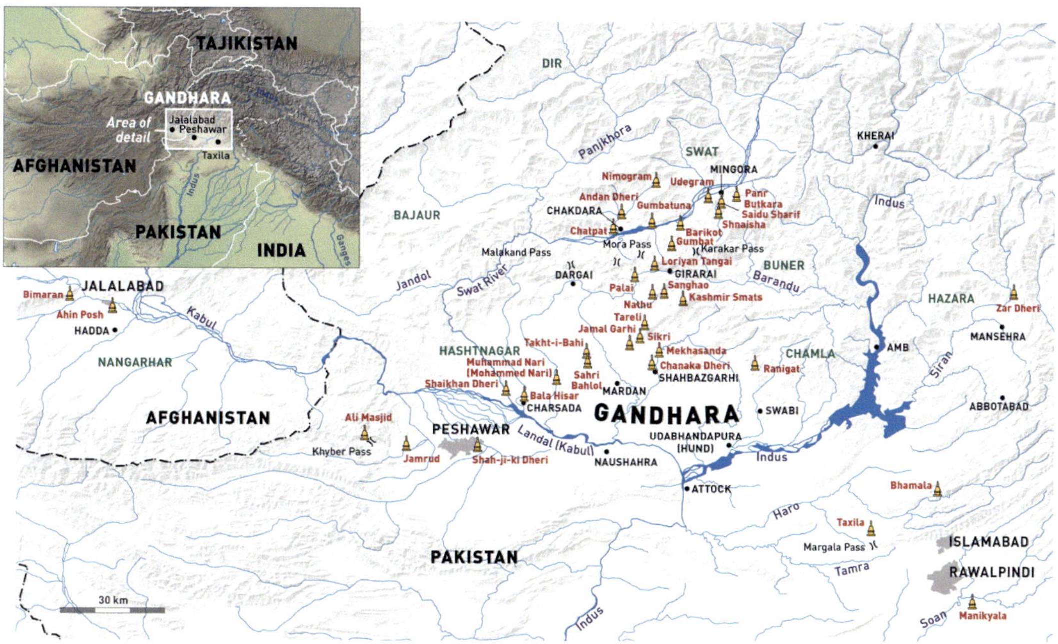

[1] Zwalf (1996), 11, 17 n. 1; Pons (2019), 7.

那，Uddiyana)，南部和东南部的塔克西拉城及其他地方，还有阿富汗和克什米尔的部分区域。[2]

使犍陀罗声名鹊起的因素有很多，然而其美术在近代引发关注是出于两种特别原因。首先，它本身便别具魅力、复杂奥妙。在公元最初的几个世纪，这一地区见证了宗教美术规模的激增，那成千上万件用当地石材(称片岩或千枚岩)雕刻，或用黏土、灰泥造模并翻塑的造像与造像残片，便是如今最好的证明。[3] 这些作品为服务佛教而创作，遵循了印度重要佛教遗址业已确立的先例，但在风格、图像与绝对生产规模上与更早的印度美术有别。[4] 犍陀罗美术对古代佛教发展及其委托者和制造者的价值观、信仰和知识提供了非凡洞见。伴随时间推移，犍陀罗美术将对此后整个亚洲佛教艺术的演化施加巨大影响。

但犍陀罗美术的盛名还得益于另一要素：与古代世界遥远地方的艺术传统，特别是希腊人和罗马帝国的古典艺术，有着引人注目且令人费解的联系。出于尚未被完整认识的原因，犍陀罗的美术家似乎直接或间接地借鉴了数千公里以西发展的艺术观念，并从希腊—罗马美术程式中找到了适合自身意图的灵感。当犍陀罗美术在19世纪重见天日，特别是被熟悉古希腊—罗马历史与艺术的大英帝国士兵和官员们发现时，这些欧洲人为其犍陀罗发现物的西方亲缘震惊。这种相似性曾被归因于公元前326年征服犍陀罗的马其顿希腊国王亚历山大大帝的遗产，以及接替他统治部分中亚地区的希腊国王们。[5]

---

[2] Pons (2019)，4-11就命名问题及“大犍陀罗”这一术语。

[3] 关于犍陀罗造像的原料见：Errington and Cribb (1992)，241-87。此处的“灰泥”(stucco)用以指石灰/石膏灰泥。有关着色（颜料在雕塑上的应用）见：Talarico *et al.* (2015)；Pannuzi (2019)；Lluveras-Tenorio *et al.* (2022)。

[4] 秣菟罗（Mathura，北方邦)颇具影响力的造像生产——下文进一步讨论——以及桑奇（Sanchi)、巴尔胡特（Bharhut，北印度)与阿马拉瓦蒂（Amaravati，印度南部)的早期雕刻通常被视为犍陀罗佛教美术的重要先驱。关于秣菟罗总体：Sharma (1984)；Quintanilla (2007)。巴尔胡特：Cunningham (1879)。阿马拉瓦蒂：Shimada and Willis (2016)。有关这些作品断代的批判性争论或将其置于最早的犍陀罗造像前不久：Asher (2006)；Kumar (2014)；Lo Muzio (2018)。

[5] 关于犍陀罗美术的发现见第二章。

时至今日，对于研究或欣赏犍陀罗美术的人群来说，这种跨文化影响仍是其主要魅力所在，但影响的本质却是争论的对象。这果真是古希腊势力在当地存在的结果吗？还是由于公元1-3世纪与罗马帝国的同时期接触？抑或是，犍陀罗美术的“西方”特质仅仅被夸张渲染了？我们将很快回到这些重要的议题上，但在此之前，让我们暂且搁置外来影响问题，在其自身领地之内审视犍陀罗美术。

古迹的幸存

从一开始就应当承认，有关犍陀罗的考古资料存在误导性。在世界其他许多地方，历史时期考古学向来由更宏大的遗迹类型主导：城市和定居点；有死者与随葬品和墓碑一同下葬的墓地；带铭文题记的纪念碑、庙宇和宗教建筑群。近几十年来，人们对更耐久、更“有趣”的遗存的偏爱才被逐渐抵销——例如通过对古代景观（landscape）的调查。犍陀罗考古也呈现类似情况，而信

图2：塔克西拉锡尔卡普遗址向南鸟瞰图

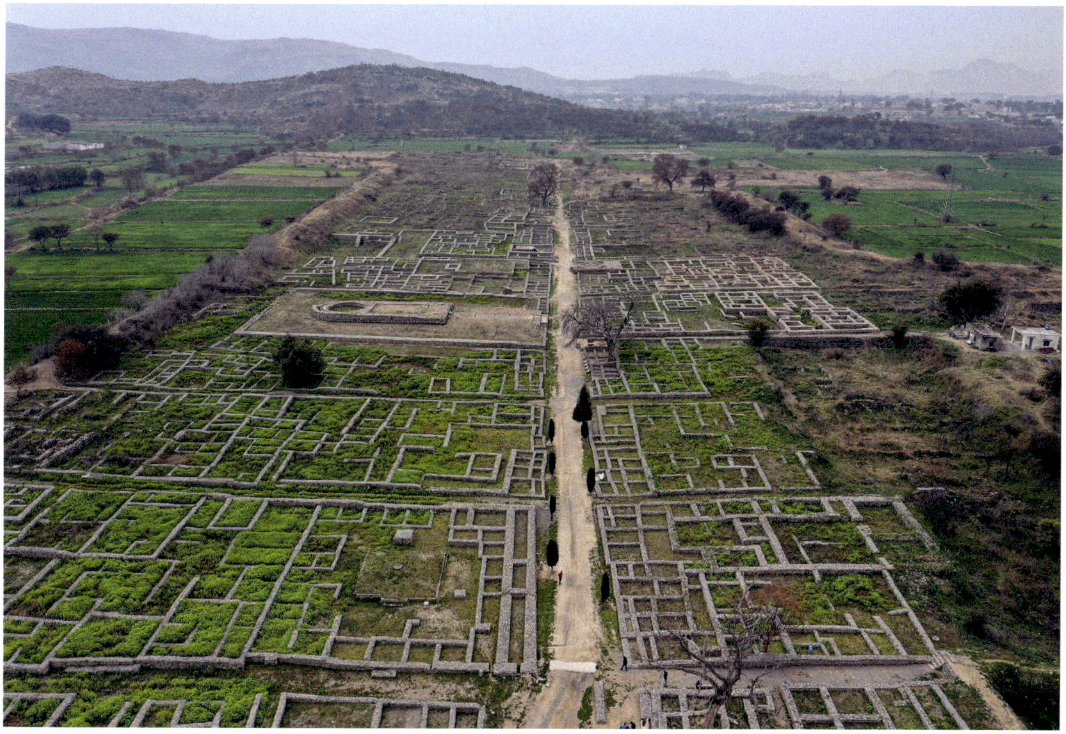

息覆盖面的空白甚至更大。[6]特别是，我们对犍陀罗逝者的葬仪几乎一无所知。我们对其房屋与城镇或村庄也罕有了解——仅有对伊斯兰堡附近的塔克西拉（锡尔卡普遗址）和布色羯逻伐底城（Pushkalavati，近查萨达）等大城址的选择性研究，尽管此后在斯瓦特的巴兹剌（Bazira，即巴里果德）的发掘带来更多信息。[7]我们有少量有所帮助的文本，尤其以来源不甚明了的文书与便携物品上犍陀罗语（Gandhari）铭文的形式，但我们掌握的古代铭文题记远少于其他古老文化中幸存的那些。由此产生的零散画面，既是古代实践（例如在建筑中使用易碎泥砖）与发掘者、研究者过去偏好的结果，也是当代对遗址的破坏所致——这是第三章将回归的话题。

在这种不甚乐观的背景下，一类特殊遗址的重要性得以凸显：犍陀罗佛教徒修建的塔院与精舍。在公元最初三个世纪的大部分时间里，犍陀罗是鼎盛阶段横跨中亚与北印度的贵霜帝国的重要组成部分。它与该王国其他地方保持联结，并或许通过贸

塔克西拉古城位于犍陀罗的东南边缘，但显然是该地区最重要的城市之一。其声名在古代传至希腊—罗马地中海世界(事实上，Taxila这一现代命名是印度名Takshashila的希腊语形式)。印度考古调查局(Archaeological Survey of India)的英国局长约翰·马歇尔(John Marshall)曾在1913年至1930年间展开最广泛的发掘作业，揭露出所谓锡尔卡普(Sirkap)遗址的大部分。马歇尔认为，那大致规整的棋盘式街道和环绕遗址的石墙，透露着该地作为希腊化时期希腊人据点的起源。但这值得质疑，况且无论如何，肉眼可见的遗存大概不早于公元前1世纪。塔克西拉地区有大量佛教遗址，锡尔卡普遗址内部也有可能的佛教结构，包括一座带半圆形后殿的庞大建筑(照片中央街道左侧可见)。然而，它在犍陀罗石刻鼎盛期前既已衰落，最终被附近的城镇锡尔苏克(Sirsukh)取代。如今，塔克西拉遗址已成为联合国教科文组织的世界遗产地。

[6] 注意De Marco（1987）；Bakker（2007），特别是第17–43页；Olivieri（2019）就斯瓦特的罕见实物证据。

[7] 塔克西拉：Marshall（1951）；Dani（1986）；Erdosy（1990）就纪年问题。布色羯逻伐底：Dani（1965–6）；Petrie（2013）。巴里果德（Barikot）及城市考古学总体：Olivieri（2021）。

易、宗教和外交往来，与古代世界更遥远的地域联系畅通。犍陀罗——或至少其中部分人口——似乎在这种和平状态下繁荣兴旺。我们不知道佛教徒在当地居民中的精确占比，但追随者和支持者显然数目众多、家境殷实，足以供养考古所揭露的纪念建筑与寺院房屋群。贵霜统治者自身的宗教似乎主要是湿婆派与琐罗亚斯德教，但他们也赞助佛教。[8]

犍陀罗的富裕佛教施主可能主要负责捐造寺院居住区、功能建筑，以及大大小小的佛塔（stupa，即窣堵波）——为容纳珍贵佛遗物而造的覆钵形龛，充当了观想与礼拜的焦点。修造这些建筑，连同其他虔信行为（acts of piety）一起，旨在产生善业（karma）——一种被认为将为施主生活，特别是未来转世带来回报的功德储备。[9]这些供养人正是在将世俗财富化作精神资本。修造耐用石质纪念建筑成本高昂、功德显著的事实，解释了佛教遗存在现存证据中的主导地位。这也是现存犍陀罗美术主体的背景。本书插图中大部分作品都是为佛塔及其他圣所制造的雕塑。

我们还掌握着一些其他媒材的便携犍陀罗制品、艺术品实例。其中值得注意的是所谓“调色板”（palette）或“盥洗盘”（toilet-tray）：小巧玲珑、装饰精美的盘子，通常用石料雕刻，实际或用于浇祭（libation，仪式祭酒）（图3）。[10]在此之后，我们也有关于便携佛龛的证据。[11]我们偶尔能一睹脆弱易毁的表现形式，例如壁画[12]和织物，[13]与此同时，我们还能列举一些小型贵重物品，例如雕刻宝石印章，甚至黄金首饰（图4）。[14]然而，绝大多数足

[8] 有关贵霜宗教见：Rosenfield（1967），多处提及；Grenet（2015）。有关贵霜世界整体：Bracey, Cribb and Morris（即将出版）。

[9] Fussman（1986），特别见第44-5页；Zwalf（1996），20-22。不同于古印度其他地方，犍陀罗相对缺乏供养人铭文题记，因此，无论是僧尼还是在家信徒的赞助组织都相当模糊。

[10] Francfort（1979）；Falk（2010）。背景不以佛教为主。这些盘子的断代仍存在问题，但其制作或始自公元前1世纪，模仿了希腊化晚期/罗马时期的埃及制品：Lo Muzio（2011）；Endreffy（2020）以资比较。

[11] Hameed（2017）；Hameed and Bukari（2021）；Koizumi（2000）。这些物品的断代相当不确凿，但通常认为在犍陀罗传统中相对较晚。

[12] Lo Muzio（2012a）；Lo Muzio（2012b）。

[13] 如Marshak and Grenet（2008），947-60，与第960-3页P。伯纳德的回应。见Inayat and Rafique（2017）就图像线索（应谨慎使用）。

[14] 印章：Callieri（1997）；Rahman and Falk（2011）（主要材料采自私人收藏）。首饰：Fabrègues（1991）及Tissot（2002），85-97，主要基于图像线索。

以经久保存的艺术品都是建筑装饰构件。

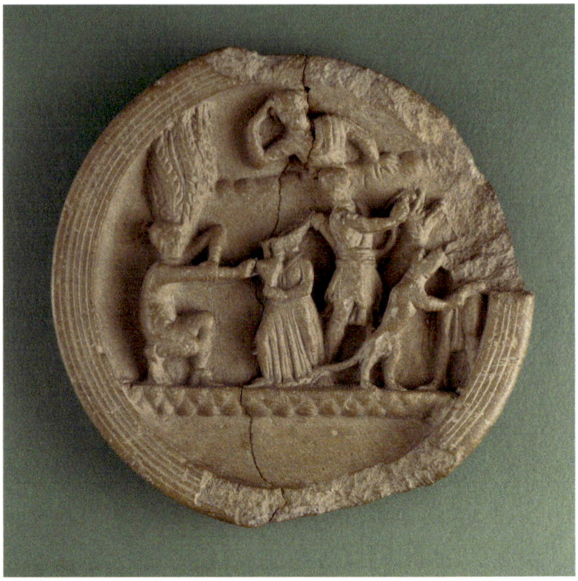

▲图3：所谓“调色盘”或“盥洗盘”，滑石材质，来自班努（Bannu）的阿克拉丘（Akra Mound），约公元1、2世纪，饰有阿耳忒弥斯（Artemis）与阿克泰翁（Aktaeon）神话的古典图像。

犍陀罗雕塑的佛教背景

“装饰”一词对这些艺术品有失公允。它们诚然用于庄严佛塔，使之外观殊胜、令人景仰，但也富含佛教象征内涵，并在宗教仪式中发挥积极作用。

佛塔系石质覆钵状建筑，通常位于寺院建筑群核心（图5、6）。[15] 它们在犍陀罗被视为圣物龛（reliquary shrine）。从某种意义上讲，这是纪念佛陀或其他圣徒生命与死亡的丧葬祭坛，为信众赋予其物质存在，而且的确，佛陀的实体遗物可能正置于特殊容器内、埋藏于此（图7）。[16] 这些遗物或呈身体遗骸（骨灰或骨头）形式，或是硬币、宝石或半宝石、珍珠、指环、珊瑚珠与金饰等具有神圣内涵的小型存放物。佛塔或起源于公元前3世纪以前的印度次大陆北部。[17] 犍陀罗一些佛塔建筑规模宏大，系在皇家赞助下修造而成。白沙瓦夏加奇德里（Shah-ji-ki-dheri）的“迦腻色伽大塔”（Kanishka Stupa）——因其原始形式归功于该统治者供养——或为古代世界至高的“摩天大厦”（正如Huu Phuoc Le形容），连同所有顶饰一起高约120米（古汉语文献认为还要更高）。[18] 塔克西拉的达摩拉

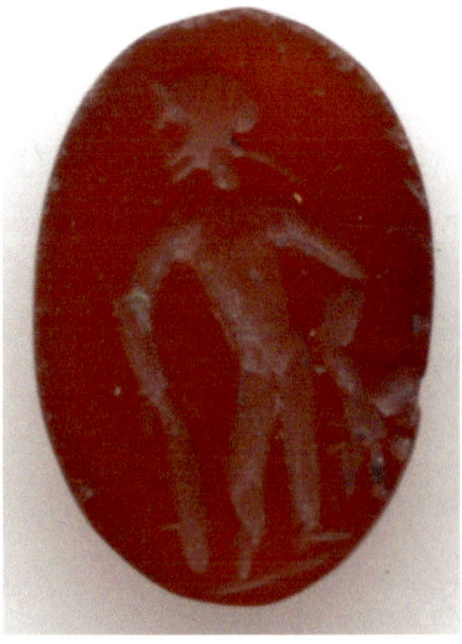

图4：展现赫拉克勒斯（Herakles）的红玉髓宝石印章（雕刻印章石）。于阿富汗发现并据信在此制造，约公元1–3世纪。

[15] 有关佛塔见Zwalf（1996），36–8；Behrendt（2004），28–33。

[16] 见Errington（1998）；Brown（2006）；Jongeward *et al.*（2012）。

[17] 考古学支持了佛塔在阿育王时代（约公元前304年–前232年）已经投入使用的文学传说。最近的综述见Coningham（2011），特别是第937–40页。

[18] Le（2010），179–80。

吉卡大塔(Dharmarajika Stupa)或高约25米。[19]而即便像塔赫特巴依(Takht-i-Bahi)遗址群那样的大型寺院，10-15米左右的高度也比较常见，而且譬如在该遗址，主佛塔还照例被周围更小的附属塔环绕(图6)。[20]后者大概是还愿物——由富裕施主个人捐造的神龛。[21]

无论规模，犍陀罗佛塔的典型造型高度统一，由方形基座与顶部覆钵形柱体构成，并可沿踏道拾级而上。覆钵或饰有精美"假山形墙"(false gable)。佛塔最瞩目的特征之一是塔刹(pinnacle)，

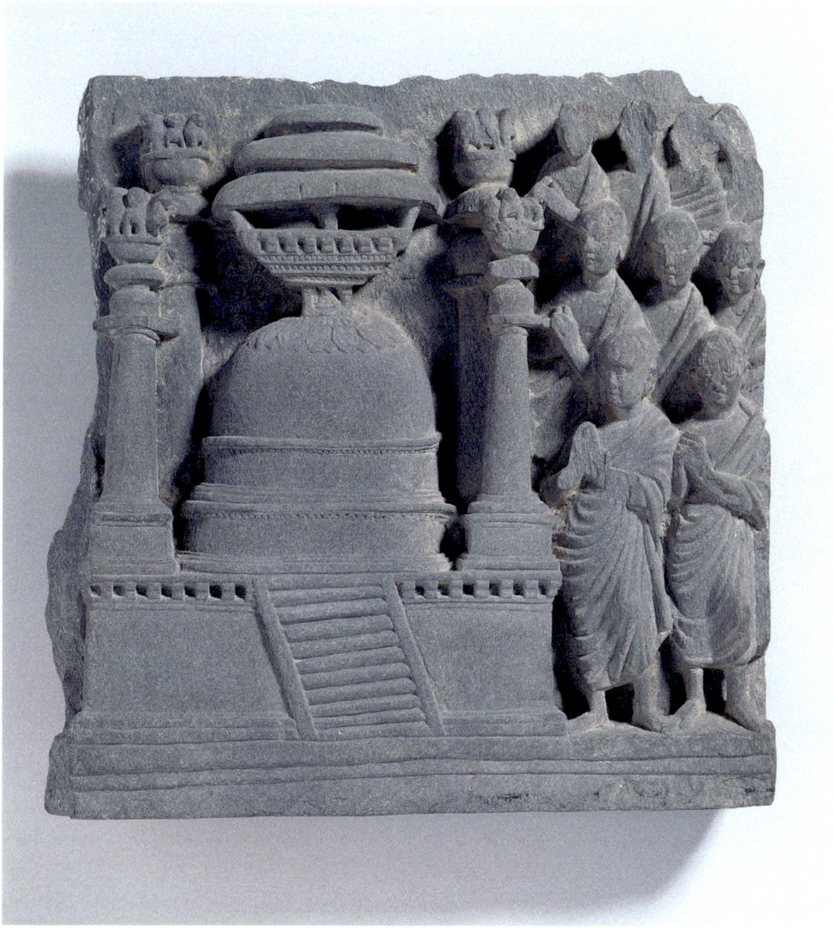

图5：展现僧侣礼拜佛塔的犍陀罗片岩浮雕像，约公元2、3世纪。

[19] Le (2010)，173，图6.13。
[20] Le (2010)，56-8；56，图4.13(就重建部分)。
[21] Schopen (1987)；Behrendt (2004)：29。

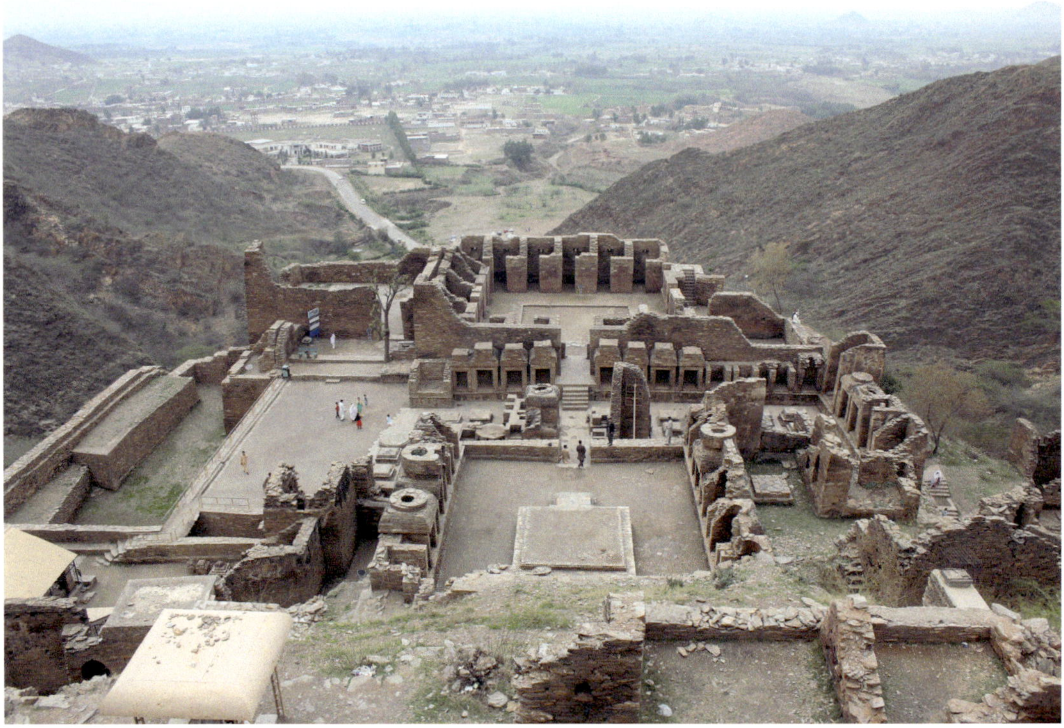

▲ 图6：塔赫特巴依寺院向北景观。最近庭院内的方形结构为主佛塔基座；相邻庭院内遍布小佛塔。

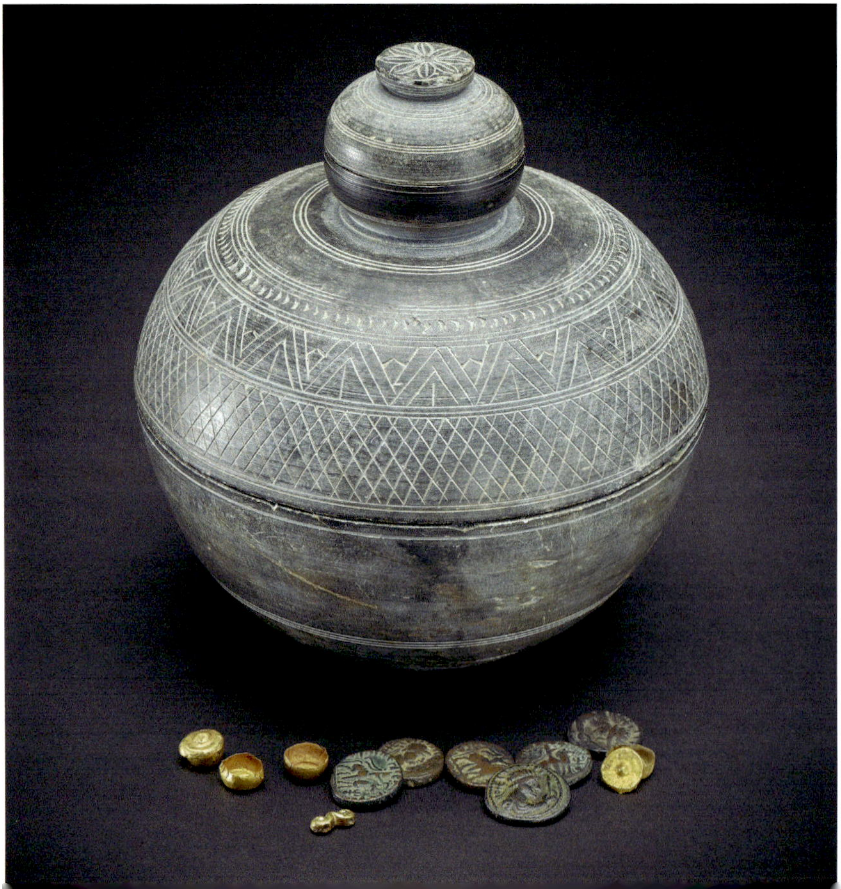

图7：滑石舍利函，内含数个小型金舍利匣、一枚护身符及数枚贵霜皇帝维玛·塔克托（Vima Takto）钱币。来自阿富汗达伦塔（Darunta）的一座佛塔，约公元2世纪。

呈叠置“伞盖”(chattravali, 即相轮)的多层立轴形式。这种至多通过残片了解的构件占据了建筑的大部分高度。上述元素大多采用浮雕装饰:基座各个侧面、塔身(drum, 即覆钵)、垂直阶梯踏道、假山形墙和相轮。

某些浮雕使人联想常规建筑构件或一般装饰, 而建筑图案的确无处不在。例如, 带叶饰柱头、祖型在希腊—罗马建筑的所谓“科林斯式”(Corinthian)立柱与壁柱十分常见, 用于各种带人像场景的分段(图8、22、29、31、38)。[22]这些场景也常由菱格带水平划分,或许源自月桂花环的表现。其他种类的植物意象也很丰富。但造像的大多数表现了人物主题,包括时而复杂非常的叙事场景与对个体的描绘。后者包括相对低微、传统称作“阿特拉斯”(Atlas)的支撑人物,以及地位崇高、规模更庞大的佛陀本人形象。我们将很快再度探讨这两类图像。

并非所有雕塑都是为庄严佛塔本身而造。寺院有时会发展出成组壁龛,为放置佛陀或其他受礼敬人物的大型像而开凿(见图6中央)。[23] 较小的独立佛龛也可能存在于寺院之外的住宅环境中。[24]

所有这些造像似乎都曾被鲜艳地装彩或贴金。在现今状态下,灰色片岩雕刻几乎无法印证这些纪念像的缤纷华丽,尽管金箔及颜料的细微痕迹偶有残余。灰泥塑像则给人更炫丽的印象,通常保留明显的着色(图9、43)。[25]

这种陈列是寺院群体生活的背景,其中不仅有佛教僧尼,还有常住在这些建筑群中的在家弟子和职能人员。[26]造像对来自外界

[22] Boardman (1994), 131。
[23] Behrendt (2004), 特别见第9、14、32、36、245–7、268–9页。
[24] Olivieri and Filigenzi (2018), 71–9。
[25] 见例如Verri *et al.* (2019); Talarico (2015); Pannuzi *et al.* (2019); Lluveras-Tenorio *et al.* (2022)。
[26] 关于塔赫特巴依的新线索见Khan Khattak (2019), 101–3。

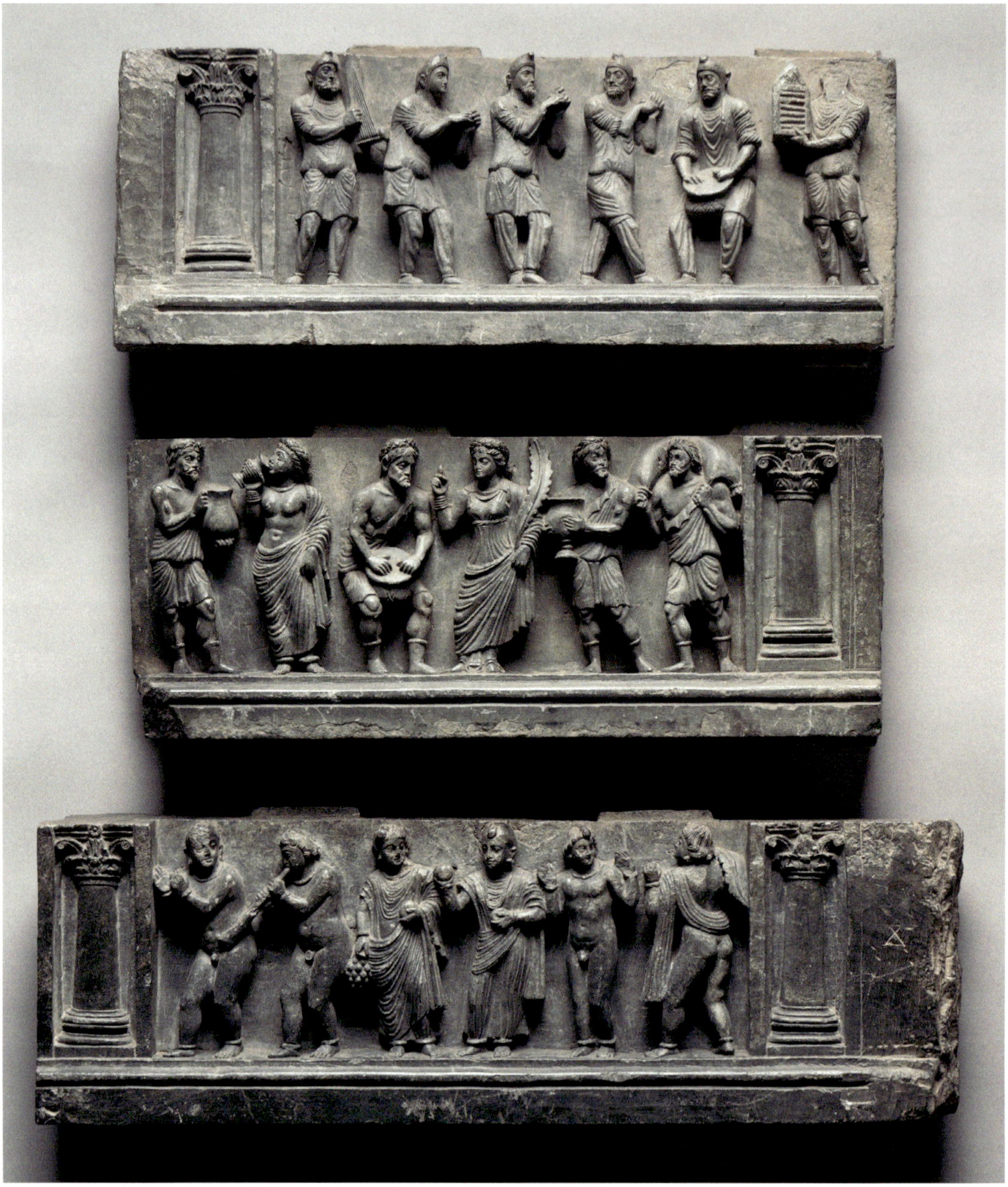

图8：来自某座犍陀罗纪念建筑的片岩浮雕像（窣堵波台阶立面？），约公元1、2世纪。这些场景展示了身着不同服装的人物舞蹈、饮酒和奏乐。

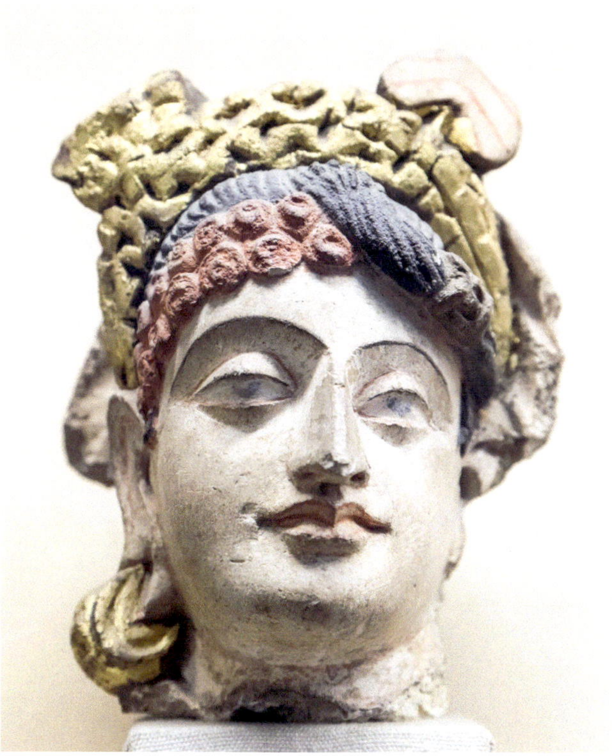

图9：彩绘贴金灰泥女子头像（部分修复），于罗赫里（Rokhri）一处佛教遗址发现，约公元2、3世纪。

的施主和香客也至关重要。这些纪念物诚然是作为虔信行为而造，但也充当了礼拜和观想的焦点。一项重要的礼拜行为是“右绕礼拜”(pradakshina)，信徒在此过程中环绕塔身列队前行。[27]这些造像迎合了这种仪式，尤其是沿佛塔顺时针方向展示佛陀形象及其生平中关键场景。叙事场景旨在沿此方向供人“阅读”。[28]

佛的形象

佛陀自然处在所有这些意象的核心。佛教源自历史上“佛陀”（“觉者”）的追随者间，此人于公元前5世纪左右生活在北印度。[29]他本是名叫乔达摩·悉达多(Siddhartha Gautama，亦常称“释迦牟尼”)的地方王子或贵族，据信曾在领悟到以衰老、疾病与死亡为形式的世间疾苦后，决意摒弃衣食无忧的生活。在尝试极端自我否定和禁欲主义后，他最终通过冥想达到觉悟，并宣扬一条更为温和的静观与正行之道，而非依靠肉体苦修。其教义的核心准则是，要从世俗痛苦中最终解脱，就要摆脱无尽的轮回(samsara)。这是通过称为涅槃(nirvana)的灵魂寂灭来实现的。[30]

[27] Zwalf（1996），31。
[28] Taddei（2015），特别见第55-6、59页。
[29] 部分古代文献指向前566/3年-前486/3年的时段，这在过去得到广泛认可，尽管如今多数学者倾向于前480年-前400年左右的更晚时期。有关这场辩论的权威讨论见Bechert（1991-7）。
[30] 当然，从古至今的佛教文献浩如烟海。全面而权威的综述见例如Bechert and Gombrich（1984）。请关注牛津参考书目数据库（Oxford Bibliographies：https://www.oxfordbibliographies.com）中以“佛教”为主题的大量书目型文章，其中包括有关巴利经典和其他佛教文本材料。

佛教信仰的最初几个世纪并没有文本或图像遗存。[31] 佛法(dharma)——佛的教义体系——藉由口述传统世代相传，并加以阐释，后来才得以书面记录。如今，其最为人所知的形式是在斯里兰卡以巴利文撰写的卷帙浩繁的佛典，被誉为巴利三藏(Pali Canon)。但有关佛陀生平的故事，以及涉及佛教思想、僧团戒律的广泛著作，也在犍陀罗、在我们关注的时期存在。犍陀罗造像的叙事场景似乎常与文献紧密相关，但两者间差别明显，我们对艺术家所掌握资料的认识也很粗略。[32]

到这一时期，不同教义方法已在遍布南亚、中亚的佛教群体中涌现。大乘佛教(Mahayana)与更古老的早期佛教传统间常作出特别区分。[33] 前者将重要性置于菩萨——成佛道路上精神先进的个体，致力以慈悲心救济其他众生。然而，将特定犍陀罗图像类型与这些传统中任何一个联系起来都绝非易事，该地区似乎有一系列信仰流传，单个寺院群体内部甚至都存在不同观念。[34]

佛陀是犍陀罗美术所表现的独一无二的重要角色（图10-3、15-7、19、29、31-2、34、36、58）。他通常被塑造成风华正茂、外形俊美，但缺乏彰显财富与世俗高位的装饰（事实上，他那修长的耳垂使观者联想起他所摒弃的金耳环）。他穿着类似僧袍的衣服。这些服装不容易解释，但通常认为包含一片长腰布（安陀会，antaravasaka），一件不合身的长袍（郁多罗僧，uttarasanga），以及像斗篷般包裹身体大部分、包括单肩或双肩的僧伽梨(sanghati)。[35] 在较早的图像中，他时而蓄髭，但这一特征越来越罕见。他的前额上有称作“白毫”(urna)的凸起

[31] 关于佛像的形成见下文。无偶像论（Aniconism）——对使用佛像的排斥——通常被假定在佛教最初几世纪持续，但有关佛像一度以易毁形式存在的假说，见例如Huntington (1985)；Huntington (1990)。注意Linrothe (1993)的回应。

[32] 见例如Malandra (1981)。有关整体问题的批判性讨论：Foucher (1905–1951)，卷1，第616–9页。就假定的图像对文本的影响见：Malandra (1981)，129；Foucher (1905–1951)，卷1，第617–9页。《大事》(Mahavastu)、《普曜经》(Lalitavistara)及马鸣（Ashvaghosha）的《佛所行赞》(Buddhacharita)尤其常在解读犍陀罗佛本行场景时得到援引。

[33] 通常被泛泛贴上含贬义的“小乘”(Hinayana)标签。注意Ruegg (2004)关于术语问题。

[34] 关于犍陀罗大乘信仰和实践的美术证据：Rhi (2003)；最近的文本证据见Allon and Salomon (2010)。

[35] Zwalf (1996)，40讨论了不确定因素。

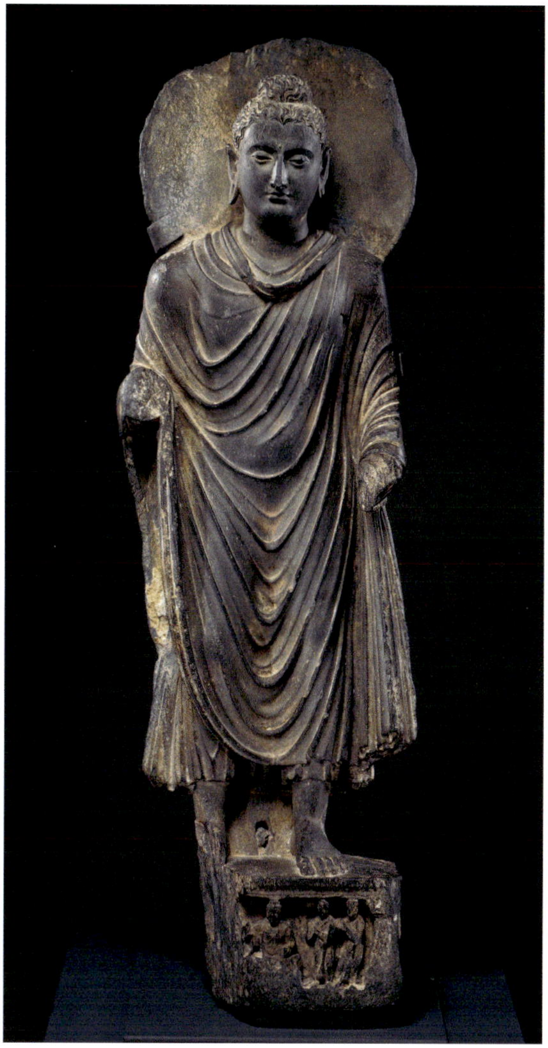

图10：小型片岩立佛像（高50.8厘米），约公元3世纪。

圆点，与此同时，他还具有顶髻或肉髻(ushnisha)，有时被视作头骨隆起的象征。这些是三十二相(lakshanas)中的两种——传统上视为辨识佛陀的特征标记。他的头后总附带 “光轮”(nimbus)，这种图案可能源自对神灵放光的希腊—罗马式描绘。[36]

佛陀通常表现为禅定或说法，或在叙事场景中与他者互动。他的双手采用象征他生平中时刻的一系列传统印相(mudra)之一：无畏印(abhayamudra，举右手以示宽慰；图10、12、13)；禅定印(dhyanamudra；坐姿冥想，双手叠放；图11，亦见图58)；转法轮印(dharmachakramudra；左手拇指、食指在胸前与右手侧面相触——一种关于弘法的姿势；图19中央)；和触地印(bhumisparshamudra；左手平放膝上，右手指向地面，召唤大地见证其觉悟；图34)。[37] 应当强调的是，除这些常见象征手法外，佛陀的表现可谓多种多样，历史上的释迦佛与其他诸佛间的区别也相当模糊(见下文)。他在成道之前的生活同样得到描绘，而最知名、引人注目的犍陀罗图像之一表现了他在成道前(或者可以说刚刚成道后)的斋戒，形销骨立的体格与他正常的理想化身形反差显著(图11)。[38]

[36] 此类佛像中图像学因素的集合见例如Zwalf (1996)，39-41；Tissot (2002)。关于头光见Spagnoli (2002)。
[37] 关于手印见Zwalf (1996)，39-40。
[38] 关于斋戒佛 (fasting Buddha)类型见Brown (1997)；Rhi (2008b)，131 n. 22提供了对Brown觉悟之后 (post-enlightenment)阐释的驳斥；Behrendt (2010)。

对人格化佛陀的首次明确表现可能见于公元1世纪，尽管潜在最早实例的纪年无法精准确定，例如毕马兰（Bimaran）舍利函（图12）。[39]这些表现形式无疑在公元2世纪以前已经确立，到那时，佛陀的常规形象甚至出现在贵霜王迦腻色伽钱币上（图13）。[40]他还出现在800多公里外北印度的秣菟罗美术中，因此，目前尚不清楚在雕刻中描绘佛陀的构想是源自犍陀罗、秣菟罗，还是在两地同时出现。[41]犍陀罗图像的非凡之处在于，它们以高度自然主义的风格描绘佛陀（具备视觉上栩栩如生、使人信以为真的人体），又兼具理想化与超凡性。造像由此得以同时捕捉佛陀的人性本质、超人的身体特质，以及他对世俗情感与冲动的精神和道德超越。某种类似的处在情感自持和超然象外、完美无瑕和忠于现实间的平衡，业已在希腊、罗马美术传统中树立几世纪之久；这是一种蕴含强烈伦理内涵的风格，可追溯至公元前5世纪的古希腊。[42]犍陀罗的美术家显然转而投向这些传统，用年轻、淡漠的面孔来表现佛陀，这使人强烈联想起——有时近乎复刻——对英雄与神的希腊—罗马式描绘，特别是年轻的光明之神阿波罗（Apollo）和他同为神祇的妹妹阿耳忒弥斯（图14、15）。[43]

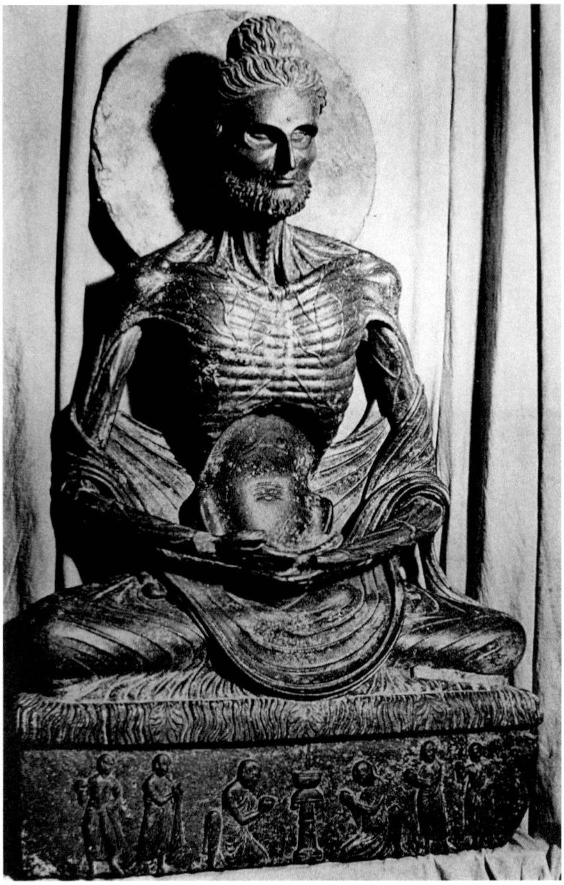

图11：禁食的悉达多/佛陀片岩雕像，来自锡克里（Sikri），公元2–4世纪。

[39] 毕马兰舍利函：Zwalf（1996），348–50，no. 659；346–7，no. 652就其背景。Cribb（2010）就断代问题及研究史。

[40] Cribb（1984）。

[41] 关于佛像起源的争论见Cribb（1984）；Rhi（2010）；DeCaroli（2015）；Falser（2015）：特别见第15–8页。

[42] 见例如Stewart（1990），78–81；Hölscher（2004），47–57就附着在这种风格上的罗马价值观。

[43] 他人视角中与阿波罗的关系见Foucher（1913）；Spagnoli（1995）。笔者目前参与的合作研究已识别出一件犍陀罗佛头像，其部分细节似乎复刻了阿耳忒弥斯/戴安娜（Diana）的一种罗马雕塑类型，但这种特定的复制绝非寻常。

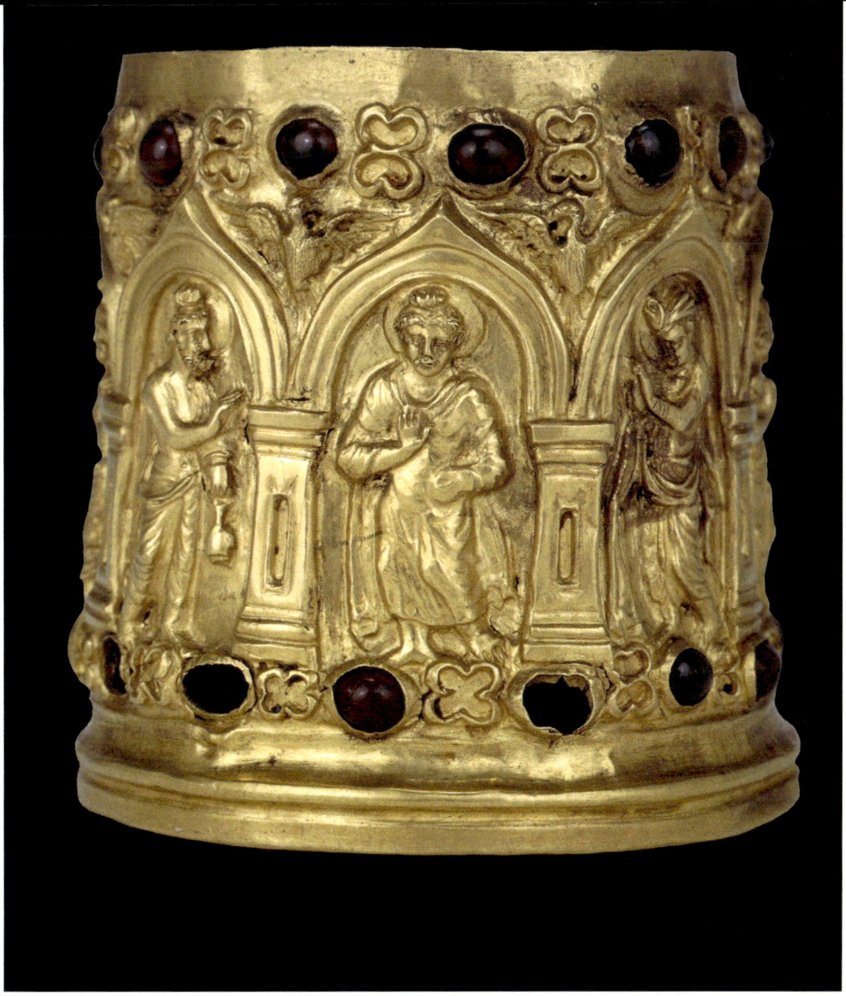

图12：毕马兰舍利函，约公元1世纪。金镶石榴石；高6.5厘米。来自阿富汗贾拉拉巴德（Jalalabad）附近毕马兰2号佛塔。梵天（Brahma）与帝释天（Indra）立于正面向的施无畏印立佛两侧。

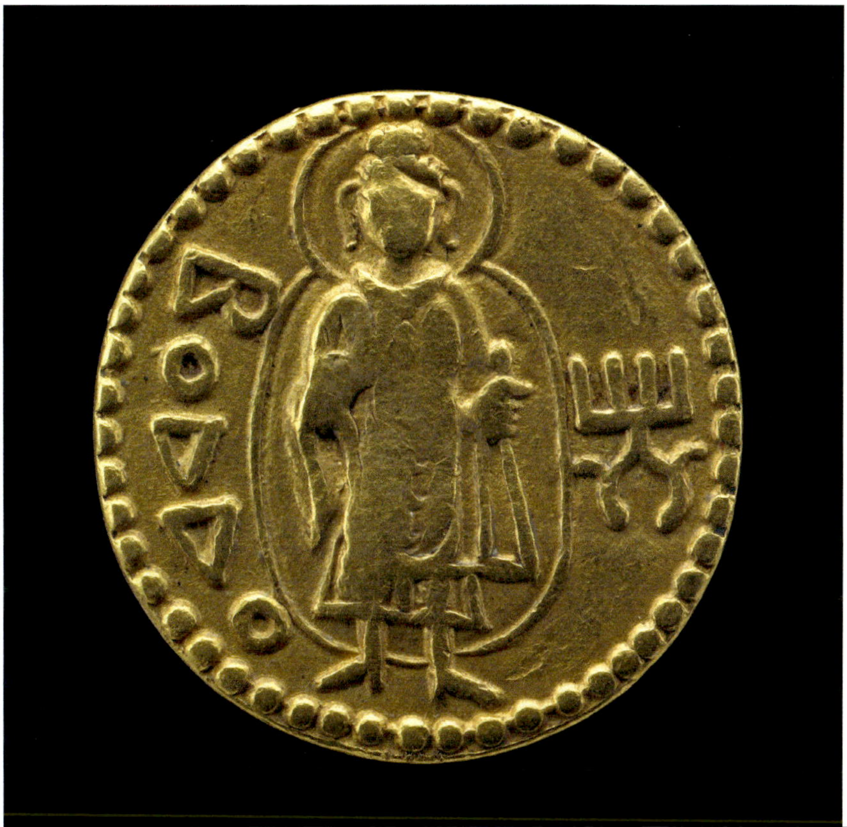

图13：来自贾拉拉巴德附近阿辛·珀什（Ahin Posh）遗址的迦腻色伽王金币，约公元127–150年：背面表现立佛像。

佛陀在犍陀罗造像中无处不在。[44]他在叙述其生平与前世的犍陀罗叙事浮雕中占据主要位置，通常作为祈祷者礼敬的对象。他的个体形象也被单独呈现，有时规模庞大，或意在充当佛龛与佛塔造访者静观、礼拜的直接对象。自公元3世纪以来，“圣像式”的佛陀正面像一直是佛教遗址的显著特征，而叙事性雕刻则越来越少见。[45]其中规模最大者，或被视为亚洲其他地方所造大佛的先驱，例如中国5世纪与8世纪的大型石窟造像（如云冈石窟、龙门石窟），或阿富汗6世纪晚期至7世纪的巴米扬（Bamiyan）大佛（图16、17）。[46]

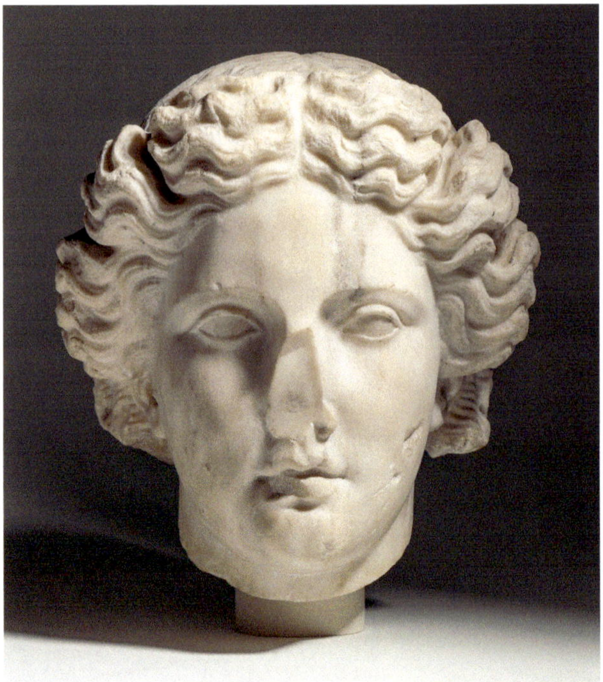

图14：罗马大理石阿波罗头像，或来自某件方柱形胸像（herm），约2世纪上半叶。曾属于兰斯当和威廉・伦道夫・赫斯特收藏（Lansdowne and William Randolph Hearst collections），并认为表现阿耳忒弥斯。

到那一阶段，仅仅将这些图像称为“佛陀”会造成误导，因为佛教已经开始信奉不同时代、包括过去与未来的众多佛陀，而不仅仅是历史上的释迦佛。在犍陀罗造像所处时期，曾有一系列佛陀得到承认，至少其中部分得到明确表现：过去七佛、燃灯佛（Dipankara，定光佛）和未来佛弥勒（Maitreya）。除以菩萨造型表现的弥勒外（图18），其他佛像造型相

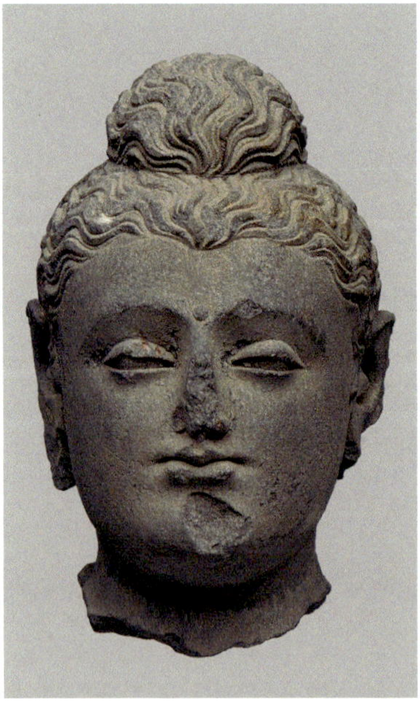

图15：小型犍陀罗片岩佛头像（高17厘米），公元2、3世纪。注意与图14的对比，包括轮廓鲜明的眉毛、嘴唇，年轻的肌肤及波状发丝。

[44] 基本佛像类型的发展特别见Rhi（2008a）；Rhi（2021）。

[45] Behrendt（2004），特别见第268–9页。

[46] 见Yi（2018）关于云冈，包括犍陀罗与希腊—罗马影响。关于巴米扬：Morgan（2012）。

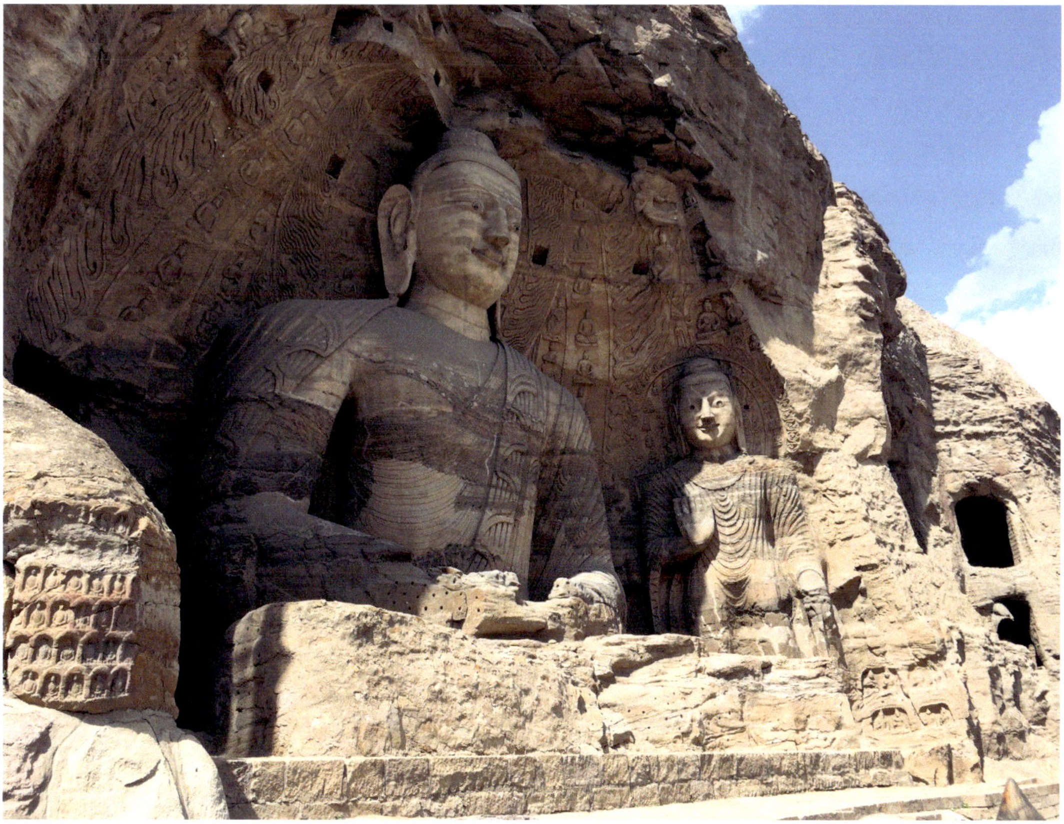

图16：云冈第20窟大佛像，中国山西省，约公元460年（主佛像高13.7米）。

似，倘若缺少背景线索，其辨识时而引发争议。诸佛间细化的分类与信徒日常生活实践的关联可能有限。[47]

辅助角色

菩萨在犍陀罗纪念建筑中被赋予仅次于佛的突出地位。[48]他们通常以与佛迥异的造型描绘，形象如同王公般的人物，或站或立，身着精致裹挂的长袍，佩戴繁复的臂钏与项链。他们蓄着浓密胡髭与长发，头戴精美发饰，除却那严肃、淡漠的面孔和头后的光环外，或许让人联想到佛陀本人业已抛弃的世俗荣华。[49]对于近乎

[47] Rhi (2023)。
[48] 有关犍陀罗美术中所有次要角色见Foucher (1905–1951)，卷2，1–278。
[49] 有关犍陀罗菩萨像概况见Rhi (2006)；Tissot (2002)，198–201，以及第24–5页针对图像实例。

于神、在尘世与圆觉间充当中介的角色来说，这是一种恰如其分的矛盾形象。他们的造型表现存在差异，但包含反复重现的相似属性。因其背后重重谜团而广为人知的莫罕默德·纳里（Mohammed Nari）浮雕（图19）容纳着名副其实的菩萨像“画廊”，菩萨姿态各异，其间点缀着禅定或说法的化佛。[50]

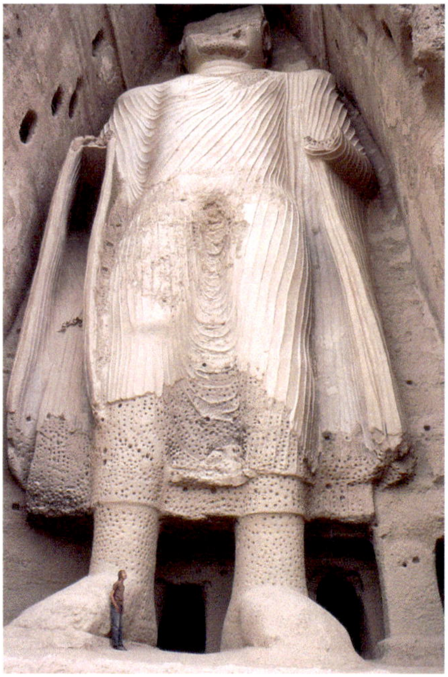

图17：阿富汗巴米扬东大佛（1977年摄影），约公元6世纪晚期（高38米）。

此类图像中的一个特例是执金刚神（Vajrapani），他常在叙事场景中伴随佛陀左右，是一种逐渐被奉为菩萨的守卫者。某些对执金刚神的描绘让人格外鲜明地联想到肌肉发达，通常蓄须、持棍棒、披挂狮皮的希腊—罗马半神英雄赫拉克勒斯/赫丘利（Hercules），以至于当今学者有时称之为“赫拉克勒斯—执金刚神”（图20、21；参考图36）。[51]无论直接或间接，大犍陀罗地区的一些美术家显然相当熟悉赫拉克勒斯的形

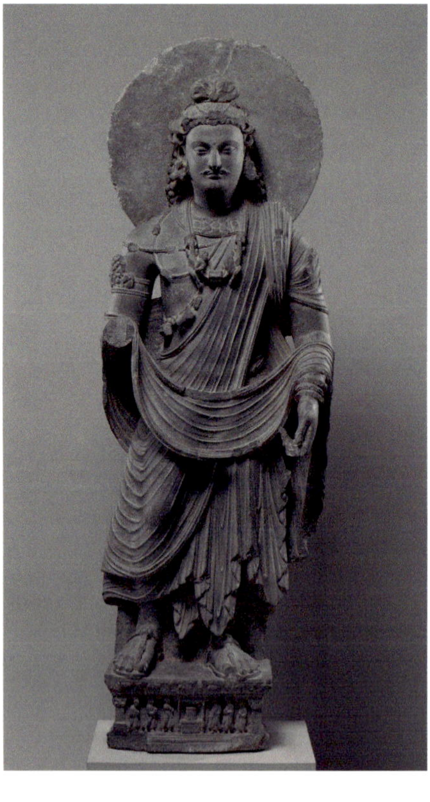

图18：弥勒菩萨片岩立像，约公元3世纪。左手原持水瓶；这与发型一起将其与其他菩萨相区分。

[50] Rhi (2011). 就这种阐释的不同方法与过去研究索引，见Rhi (2023)与Vendova (2023)。

[51] Flood (1989)；Santoro (1991)；Boardman (1994)，第75-153页多处；Stančo (2013)，137-57；Homrighausen (2015)；Galinsky (2020)。

图 19：莫罕默德·纳里饰板，片岩雕刻，公元3世纪（高119厘米）。佛陀坐在莲座上，周围环绕化佛与诸多菩萨。该浮雕像可能为某座佛龛而造。

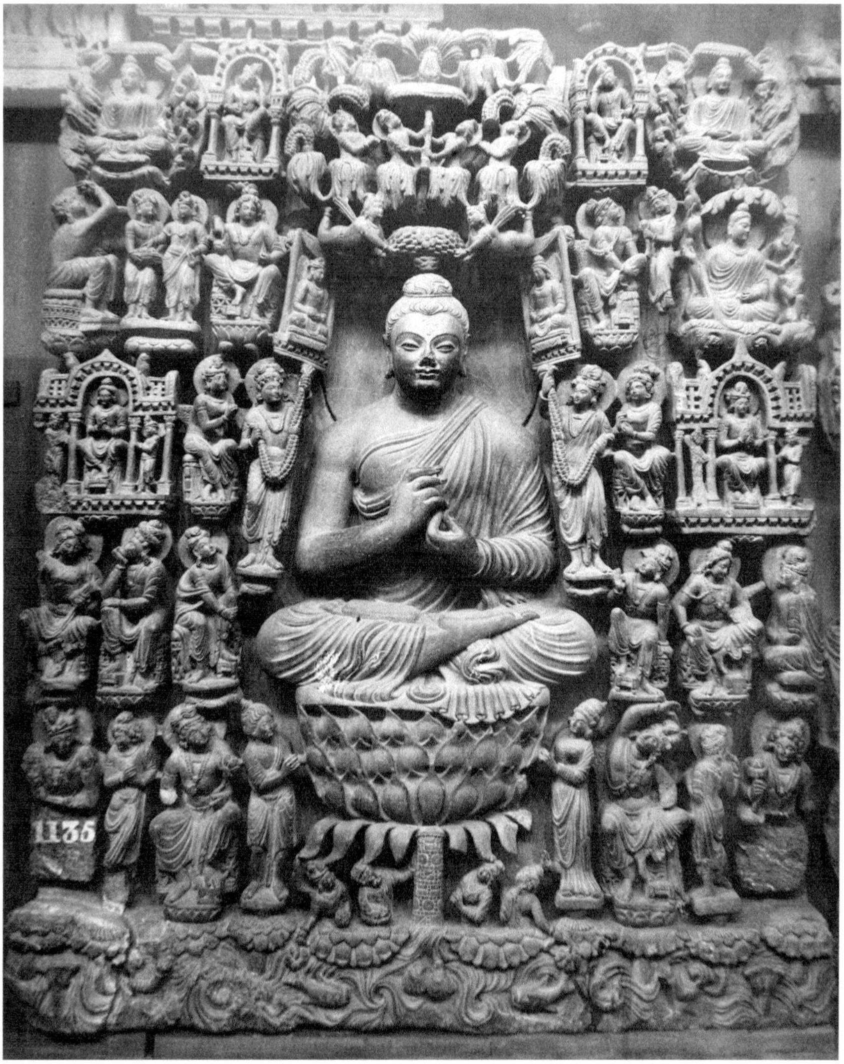

象，认为它与这位强大佛教半神人物相得益彰，尽管也有截然不同的表现类型时而得到应用。

犍陀罗佛塔上的佛和菩萨周围有成百上千的辅助人物。信徒数目众多：礼拜佛陀其人或相关物品，例如其备受尊崇的乞钵的剃度僧侣与富裕施主。单件浮雕中时而出现成组的神秘人物。有些人身穿同时期贵霜人特有的伊朗式束腰袍（tunic），而其他男

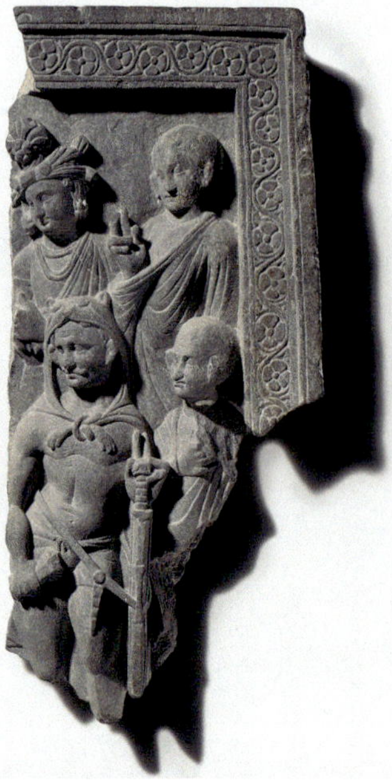

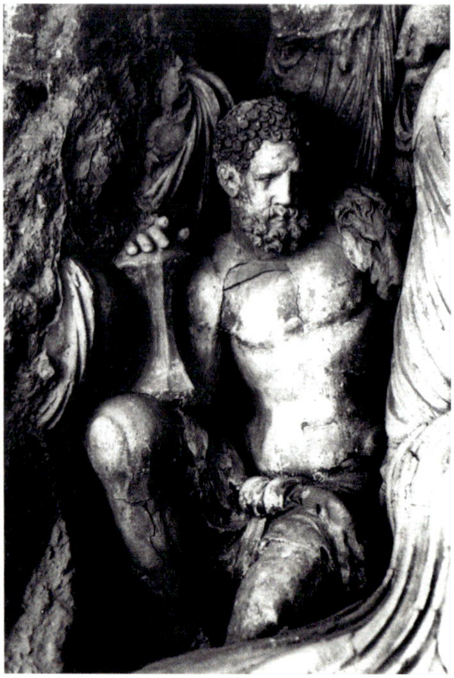

◀ 图20：犍陀罗片岩浮雕残片，包括佛陀追随者中的执金刚神，约公元2、3世纪。注意他的狮皮、长剑与类似棍棒的金刚杵（vajra）。

图21：参与佛陀初说法的赫拉克勒斯—执金刚神泥塑像。阿富汗哈达塔帕·肖托尔（Tapa-e Shotor）佛寺V2龛，约公元2世纪后半叶？

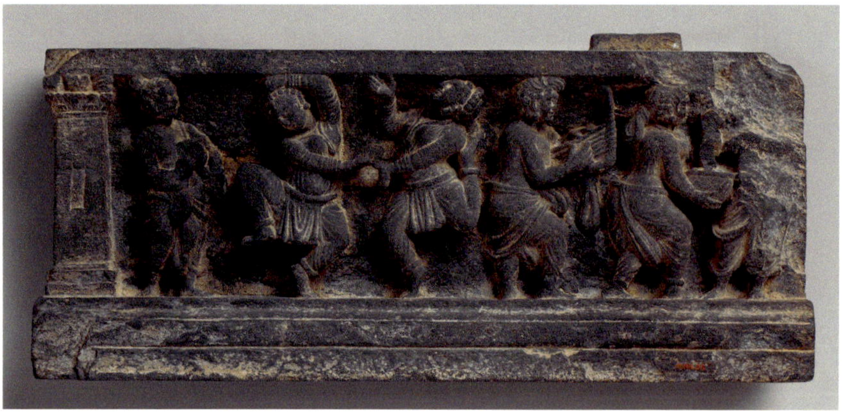

图22：展现舞蹈与奏乐的犍陀罗片岩浮雕像。此类图像的佛教内涵存在争议。

男女女则穿着更使人联想到地中海居民的束腰袍和斗篷（对比图8）。我们也看到神祇或半神角色，例如水神和怪物。音乐、舞蹈和宴饮场景得到了充分展示，并且出现了一种将其与希腊—罗马酒神狄奥尼索斯（Dionysos）的意象相关联的趋势（图8、22）。[52]

[52] 犍陀罗美术中的“酒神节”（Dionysiac）主题非常有趣，已出版浮雕中的部分人物与酒神狄奥尼索斯的随从，如凶残的萨堤尔（satyr）和狂女迈纳德（maenad）特别相似（见Tanabe［2003］，含更早文献索引；Stančo［2013］，84-109；Vasunia［2022］，特别见第82-5页）。然而，其重要性不应被夸大，尤其鉴

佛塔装饰中一种颇为常见的元素是所谓普蒂(putti)(图23；对比图24)，即举节庆花环的小男孩，显然衍生自古典世界的厄洛特斯/丘比特(erotes/cupids；普蒂这一广义术语借用自欧洲文艺复兴美术)。[53] 另一个反复出现的角色是有翼“阿特拉斯”(图25)，这一现代命名源自其与古典美术中巨人阿特拉斯的相似性(尽管希腊神话中的他没有翅膀)。[54] 显然，无论在佛塔装饰还是单尊雕刻“圣像”中，女神诃利帝(Hariti，鬼子母)都很常见，有时与配偶般阇迦(Panchika，散脂夜叉大将)一同表现。她的造型时而在姿势、持物或风格上类似坐姿希腊—罗马女神，甚至被描绘为手持古典丰饶角(cornucopia)(图26、47)。[55] 诃利帝曾是个以婴儿为食的恶魔，直至被佛陀感化，成为孩童的保护神。佛陀的其他魔界对手也常见于其生平场景(图35)。而在谱系的另一端，印度教神梵天和帝释天似乎是具有神格的佛陀崇拜者，他们出现在毕马兰舍利函上，并在各种叙事性雕刻中占突出地位(图12、29、39)。

由此，不同存在维度的众多参与者，从凡人到药叉等半神，再到至高神灵，共同构成了广阔而包容的佛教宇宙，而佛陀本人正居核心。这些主题在佛塔上的排布在某种程度上存在等级性，但有关造像原始布局的信息尚不足以详细了解这些决策。更加“世俗” 的题材，包括饮酒和节庆场景，看起来通常位于沿窣堵波基座抬升的台阶立面。[56] 普蒂和阿特拉斯形象似乎占据佛塔较底层——后者有时的的确确被呈现为建筑的支撑人物——而佛陀的形象及其生平故事则在基坛和塔身周围占据显要位置。

于这是伪造者间的流行题材。“酒神节”这一术语倾向于被极为宽泛地使用，施用于例如与狄奥尼索斯或希腊—罗马文化并无特别关联的饮酒场景。

[53] Soper (1951)，306，317注意39与41；Ingholt (1957)，152–4，nos. 374–80；Boardman (1994)，130–1；Stančo (2013)，116–7，124–33；Stewart (2020)，55–6。

[54] Stančo (2013)，62–81；Stewart (2020)，56–9。

[55] Foucher (1917)，139–46，271–91；Foucher (1905–1951)，卷2，142–55；Ahuja (2006)；Stančo (2013)，227–31。

[56] Zwalf (1996)，31–2。

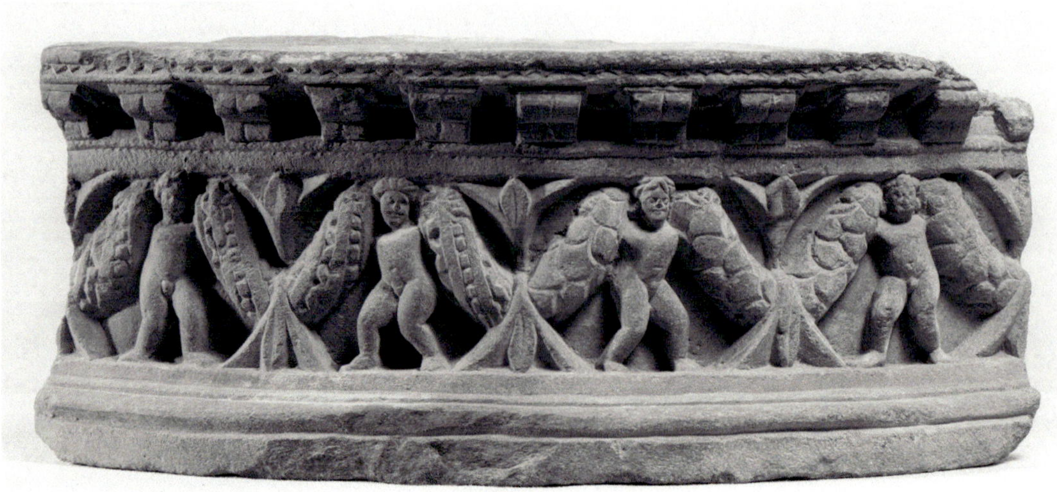

▲图23：来自一座小佛塔的犍陀罗片岩浮雕像（其形状遵循塔身曲度）。担花环的“普蒂”饰带，约公元2、3世纪。

▼图24：带有担花环厄洛特斯（丘比特）的罗马大理石棺（sarcophagus）。于西里西亚（Cilicia）塔尔苏斯（Tarsus）发现，公元3世纪早期。

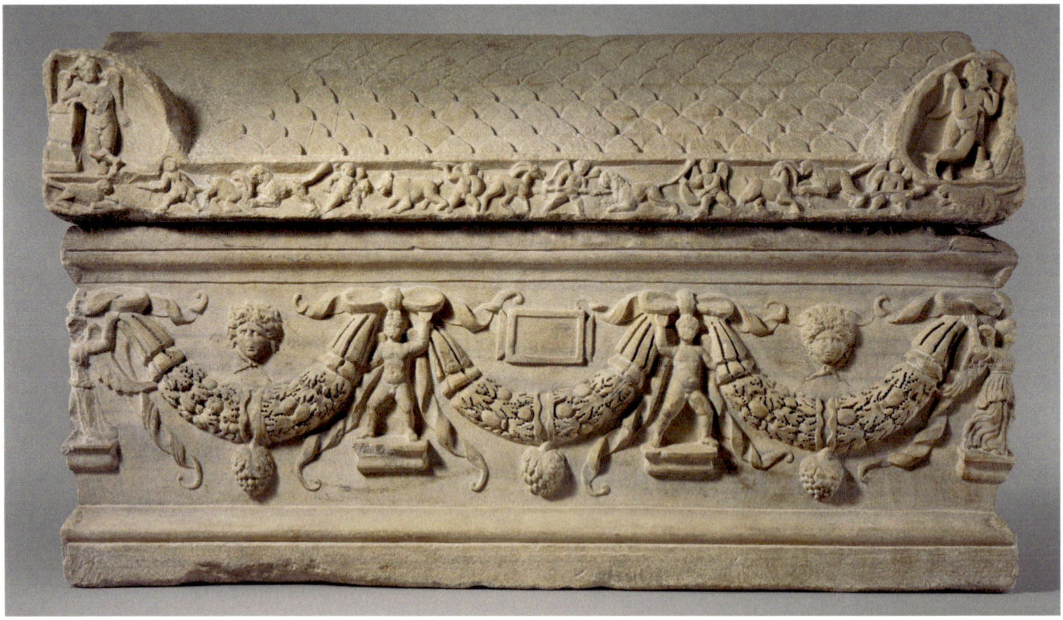

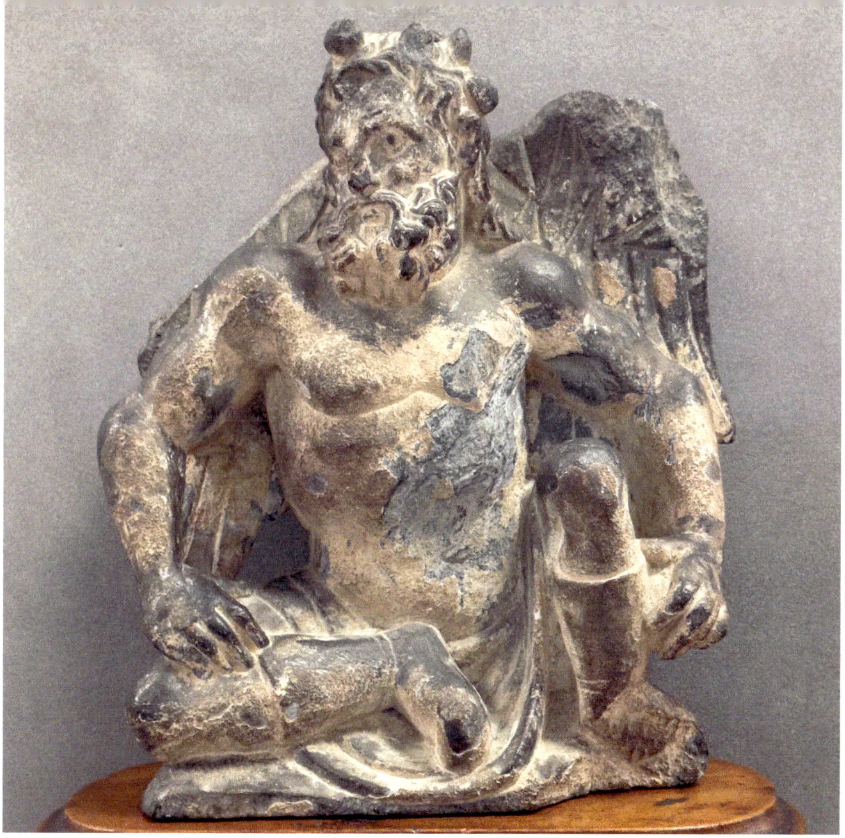

图25：来自贾马尔加希（Jamalgarhi）的有翼“阿特拉斯”犍陀罗片岩雕像，约公元2、3世纪。

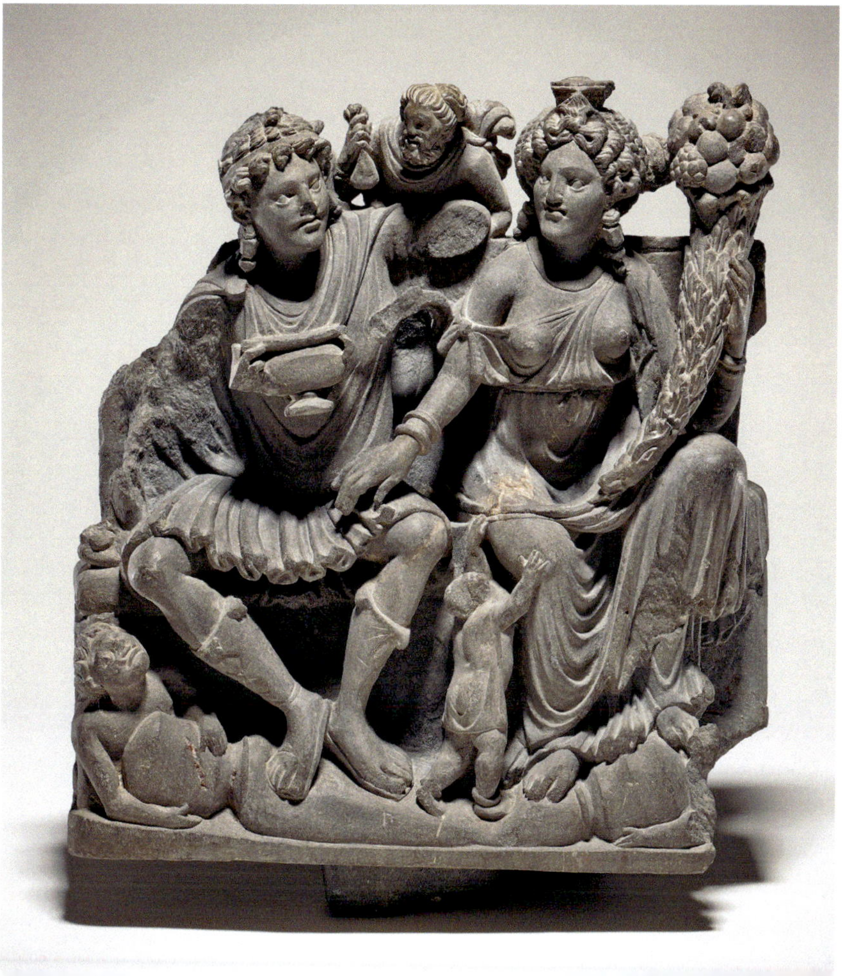

图26：来自塔赫特巴依的诃利帝、般阇迦犍陀罗片岩浮雕像，约公元2、3世纪。诃利帝的姿势、盛满水果的丰饶角，以及自其右肩垂落的束腰袍，均为例如堤喀/福尔图娜（Tyche/Fortuna）等希腊—罗马女神的特征。

叙事

在犍陀罗艺术品讲述的众多故事中，源自历史上释迦佛生平的传说系列不出所料地占据主流。佛陀生平故事最初是口述历史的集合，但在犍陀罗造像的年代已经得到书面记录。佛教叙事文本和悠久的口述传统都可能为造像内容提供了信息，但哪些版本的故事可供古代美术家使用则尚不完全清楚。[57]

标志佛陀生平关键时刻的场景最为多见。[58]其设计和特定图案高度重复。与同时代的罗马雕塑家一样，犍陀罗的美术家倾向于以高度统一的方式复现流行画面，重复既定构图，并加入常规人物和细节。这使得故事易于识别。然而，一些非常规场景有时使当代学者困惑，对于古代观众来说可能也不容易理解。许多幸存叙事浮雕的题材尚未被确凿辨识。让我们观察一些传记式场景系列的实例，同时记住，各个纪念建筑对其使用是有选择的。

佛陀一生的传奇始自其诞生之前，即其母摩耶（Maya）之梦（图27）。在这个事件中，一头白象投向摩耶夫人怀中的幻象标志她受孕得子。在佛陀降生的场景中（图28），我们看到诸神像仆从一样，协助头带光环的婴儿自摩耶右胁奇迹般分娩（正是帝释天用布条接住他），而摩耶夫人则攀扶头顶上方大树的枝条而立（传统上视为娑罗树）。[59]在对这一场面的诸多描绘中，她都拥有类似于印度药叉或精灵的婀娜体态。这件雕刻相当粗糙的实例与之在图36中的对照物，使人认识到不同犍陀罗造像在风格与技术水准上的差距，而图像本身——场景的内容——格外一致。另一个源自悉达多幼年生活的流行题材，是其极具象征意味的初次沐浴，这再次获得帝释天与梵天的协助（图29）。该题材在本书背景下尤其耐人寻味，呈现出与希腊—罗马图像的显著相似之处。作为婴孩

[57] 见前注32。

[58] 关于佛传图像的概况见 Foucher（1905-1951），卷1，264-601；Ali and Qazi（2008）；Kurita（2003）但包含来源不详的私人藏品。

[59] Bautze-Picron（2010），特别是第209-12页。Stoye（2008）认为该图像具有希腊—罗马先例，尽管存在问题的是，最恰当的对照实例来自更晚的时期。

图27：表现摩耶之梦的犍陀罗片岩浮雕像，约公元2世纪。她睡在奢华的躺椅上，由仆人及侍卫陪伴。代表未来的佛陀的大象雕刻在王后上方现已损坏的光环中。

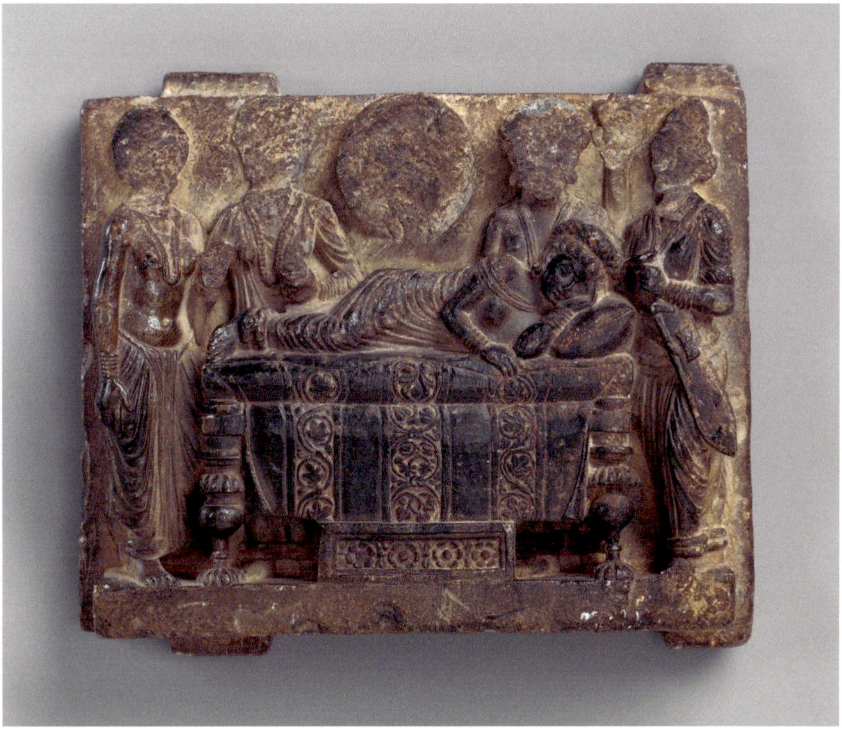

图28：表现佛陀诞生的犍陀罗片岩浮雕像，约公元2、3世纪。约19世纪晚期在犍陀罗地区发现。从风格与技术的相似性来看，似乎与图36来自同一座佛塔。

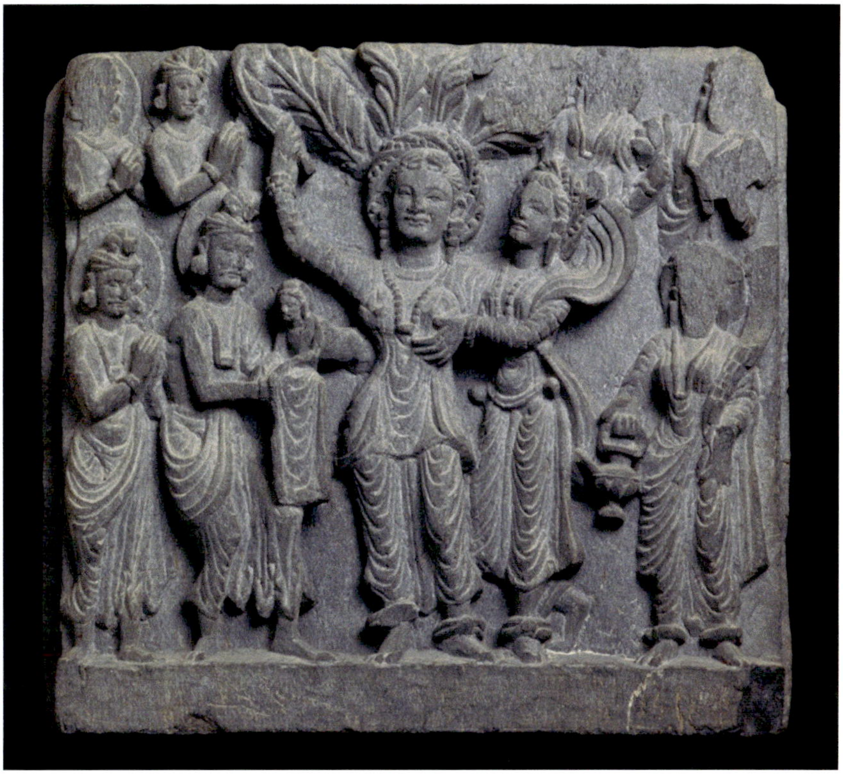

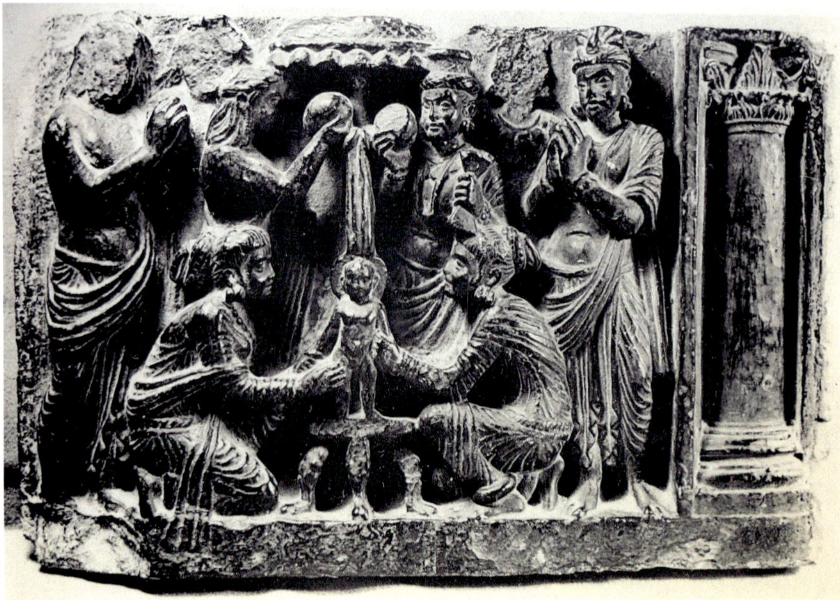

图29：表现太子沐浴的犍陀罗片岩浮雕像。

图30：罗马石棺浮雕残片，约公元2世纪晚期。

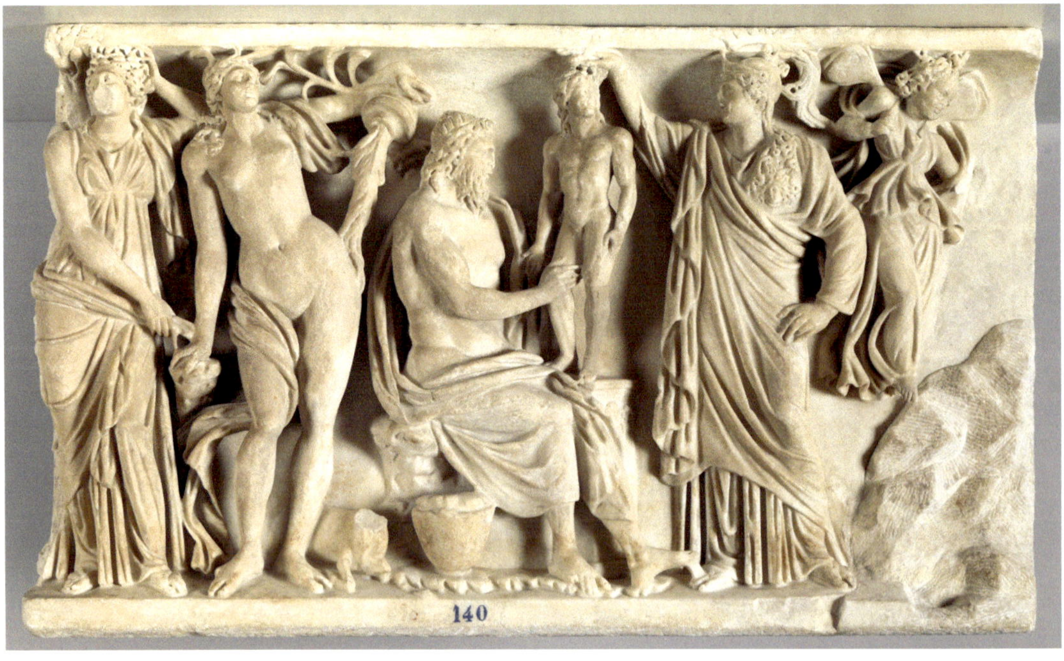

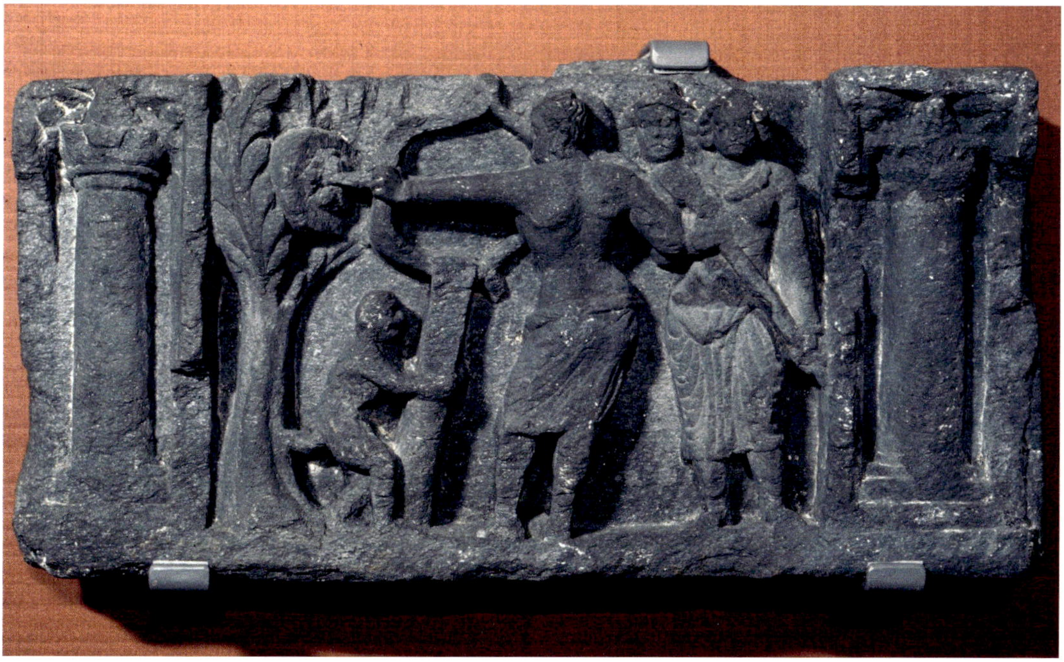

图31：犍陀罗片岩浮雕像，表现年幼的悉达多（未来的佛陀）在猿猴协助下进行射箭比赛，来自塔赫特巴依，约公元2、3世纪。

的佛陀，像缩小的成人一样站在三足桌上，使人联想到表现普罗米修斯(Prometheus)创造首个人类的罗马雕塑(图30)。[60]

一系列常见场景展现了悉达多的幼年与作为王子的成长(图31)。而故事的高潮，在于他对外部世界苦难的发现，以及对优渥生活的弃绝。在表现“逾城出家”(Great Departure)的场景中(图32)，他告别了妻子和家族，穿着贵族华服暗中溜出宫殿，而夜叉们则托住马蹄，协助他悄悄离去。这一描绘与罗马富绅骑马的场面有明显相似之处，基督进入耶路撒冷(Jerusalem)的基督教图像后来正由此演化而来(图33)。这些截然不同的宗教场景所流露的非凡视觉和韵早已引发人们关注，但这种关联显然是非常间接且难以解释的。[61]

佛陀的成道(图34)伴随其成功的说法，以及使包括魔怪在内最为荒淫无道的对象皈依三宝。偶尔得到描绘的，还包括其对手

[60] Stoye (2004)和Stewart (2020)，第64-6页指出不同相似的罗马对照实例。
[61] 见Buchthal (1945)，12-3；Stewart (2020)，62-4。

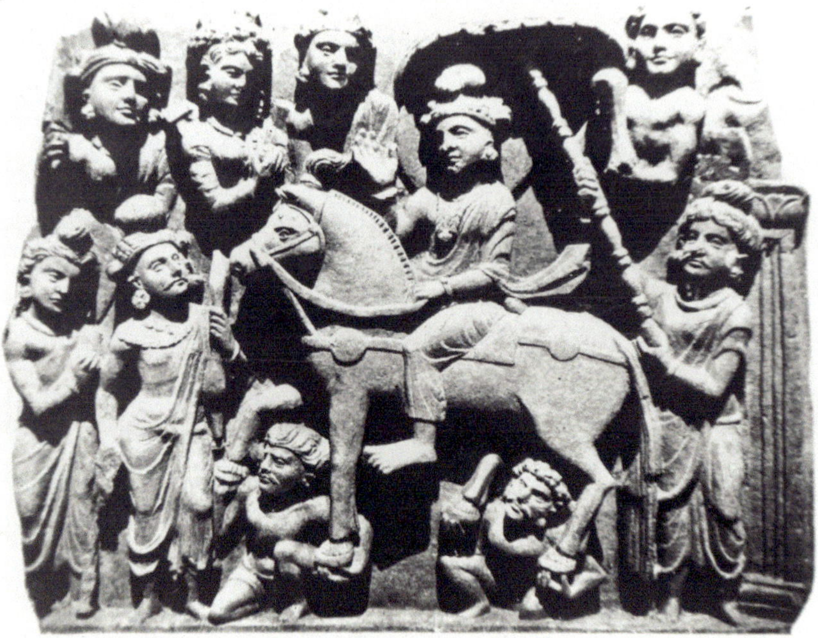

图32：表现悉达多夜半逾城的犍陀罗浮雕像。来自罗里延·唐盖（Loriyan Tangai），公元2、3世纪。

▼ 图33：罗马石棺浮雕细节，表现耶稣基督进入耶路撒冷。来自罗马梵蒂冈地区，公元4世纪。

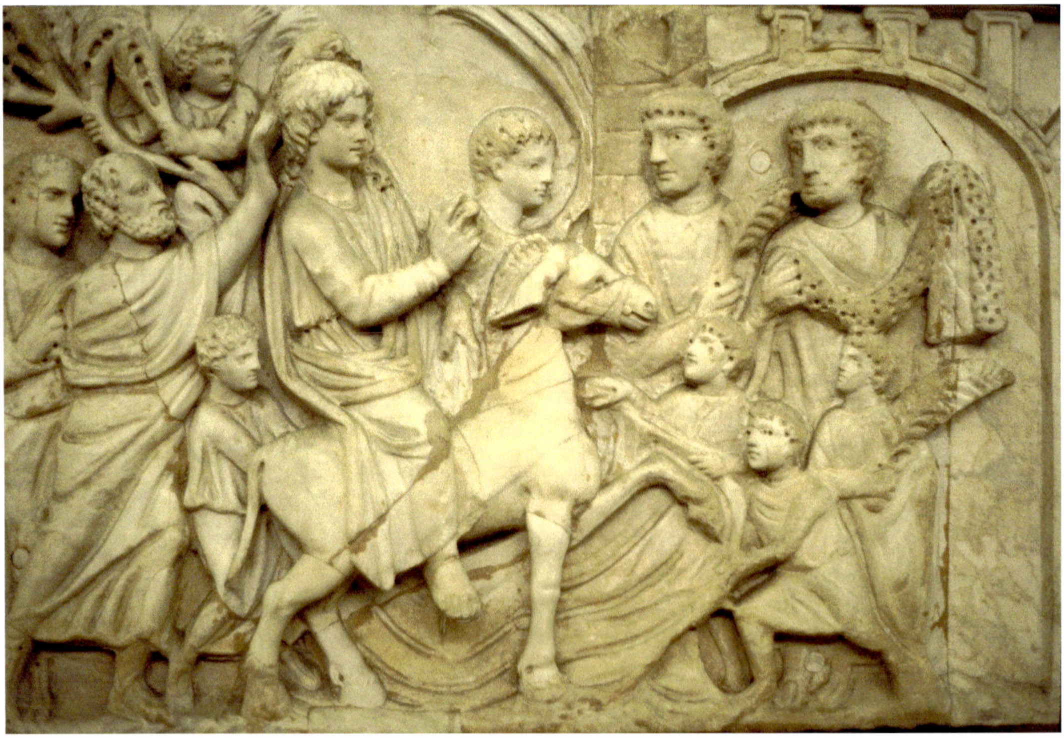

图34：犍陀罗片岩浮雕像，表现佛陀在菩提树下成道，约公元2、3世纪。

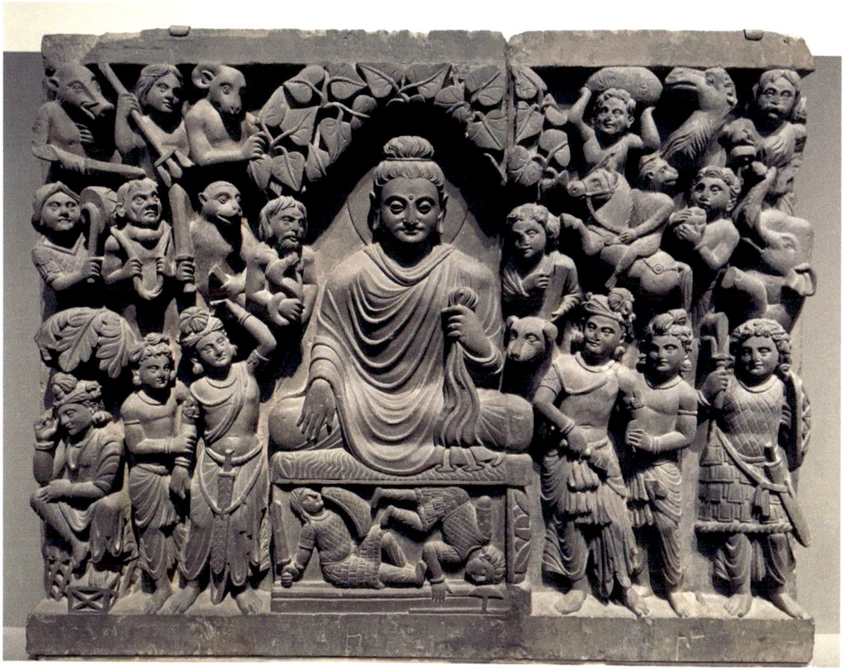

▼ 图35：犍陀罗片岩浮雕像，表现魔王波旬的魔军，约公元2、3世纪。

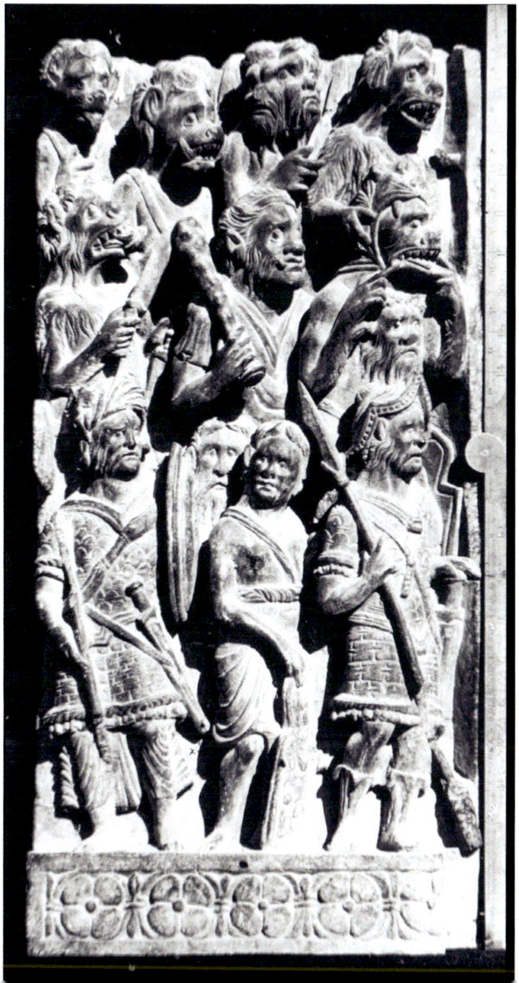

魔罗（Mara，魔王波旬）的怪诞魔军（图35）。[62]

最后，他在年老时因食物中毒而死。在数目或许最为众多的场景中，我们看到佛的弟子和其他追随者在他的临终床前陷入种种哀恸状态（图36、44）。这就是大般涅槃（Mahaparinirvana）——佛的最终离世——该场景既接近文学记叙细节，又在视觉上让人联想起罗马葬礼场景（图37；参考图56）。[63] 这一关键事件的尾声也在浮雕中呈现：佛的荼毗及其舍利的埋藏——与窣堵波美术至为相关的主题。

[62] Malandra（1981）。
[63] Stewart（2020），72-4。

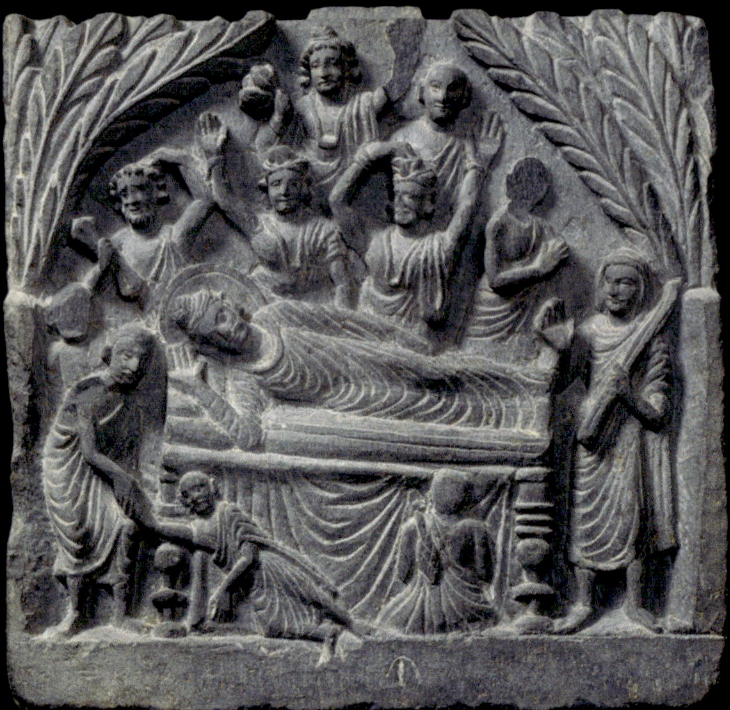

图36：犍陀罗片岩浮雕像，表现佛陀之死(大般涅槃)，约公元2、3世纪。19世纪晚期在犍陀罗地区发现。似乎与图28同属一座佛塔建筑。注意画面左侧的执金刚神。

▼ 图37：表现年轻女子的临终床与举哀者的罗马大理石棺。公元2世纪晚期。

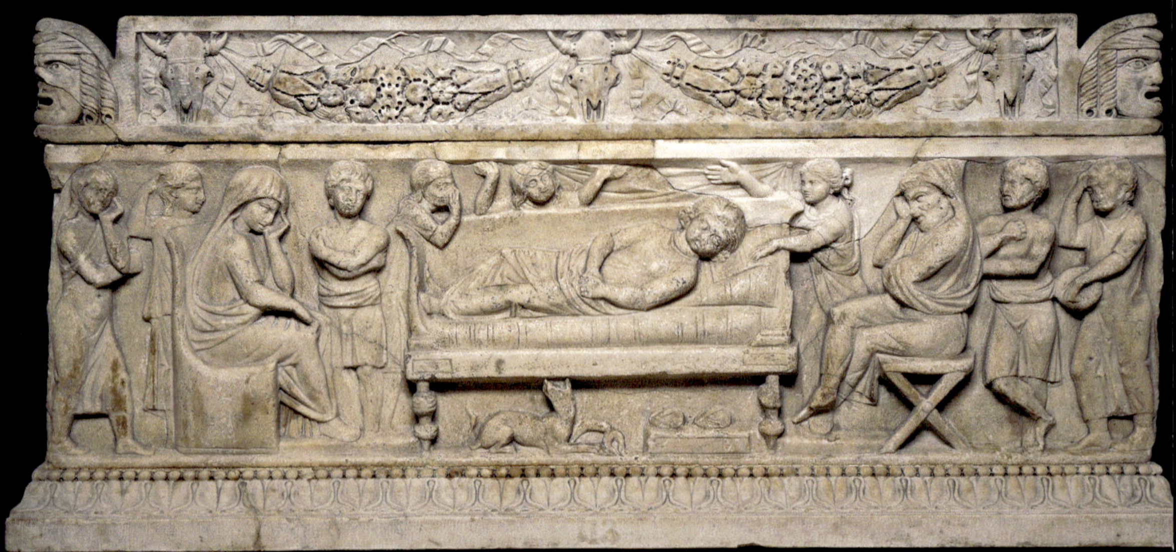

叙事场景不限于佛在世间的最后存在，其中也包含一些本生（jataka）——有关佛陀前世生活的传说，在此期间他被视为菩萨。从文献与后世其他地区佛教美术中已知有数百个本生故事，但迄今为止，只有大约15个在犍陀罗美术中得到了可靠辨识。[64] 在此之中非常流行的有燃灯佛授记（Dipankara-jataka），其中的菩萨——未来的释迦佛——跪伏在燃灯佛前，置长发于其脚下，触发了自己终将成佛的预言（图38）。[65] 在睒子本生（Syama-jataka）中，菩萨是两位盲人苦修者的纯孝独子。他被猎鹿的国王射杀，后来又在神的介入下复活。须达拏太子本生（Vishvantara-jataka）讲述了一位虔诚王子的极致无私。他将王国的吉祥白象、个人的财产，甚至最后——亲生的孩子——都布施出去。还有更罕见的尸毗王本生（Shibi-jataka），其中的菩萨试图通过奉献自己的肉身，从老鹰爪下赎回鸽子的性命（幸运的是，这些动物原来是乔装的神；图39）。最后一个例子的有趣方面是，它与马西亚斯剥皮（flaying of Marsyas）的恐怖罗马式场面相似——一位萨堤尔在演奏音乐的背景下毁灭性地挑战阿波罗神（图40）。[66]

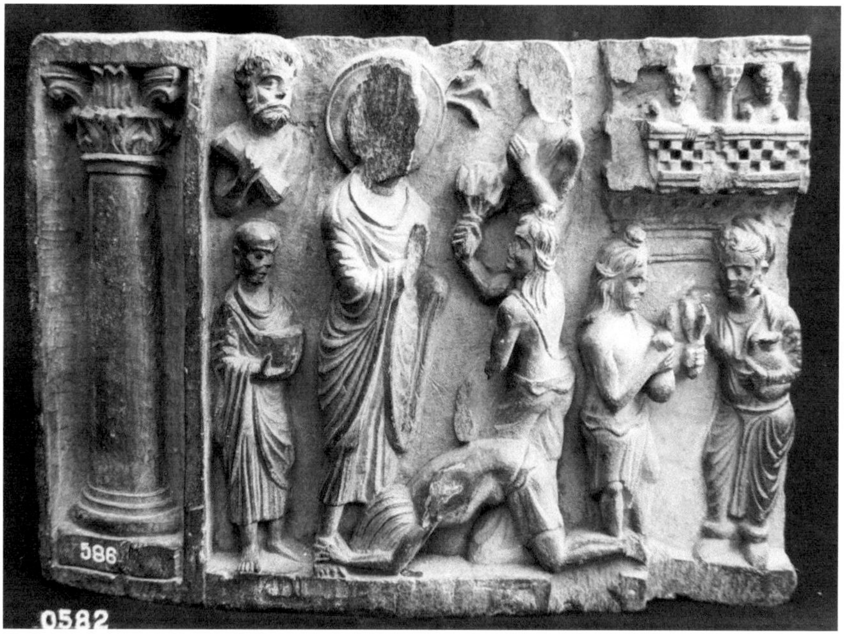

图38：犍陀罗片岩浮雕像，表现燃灯佛授记，公元2、3世纪。

[64] 有关犍陀罗本生合集见Neelis（2019）。
[65] Das（2004）。
[66] Stewart（2020），66–7。

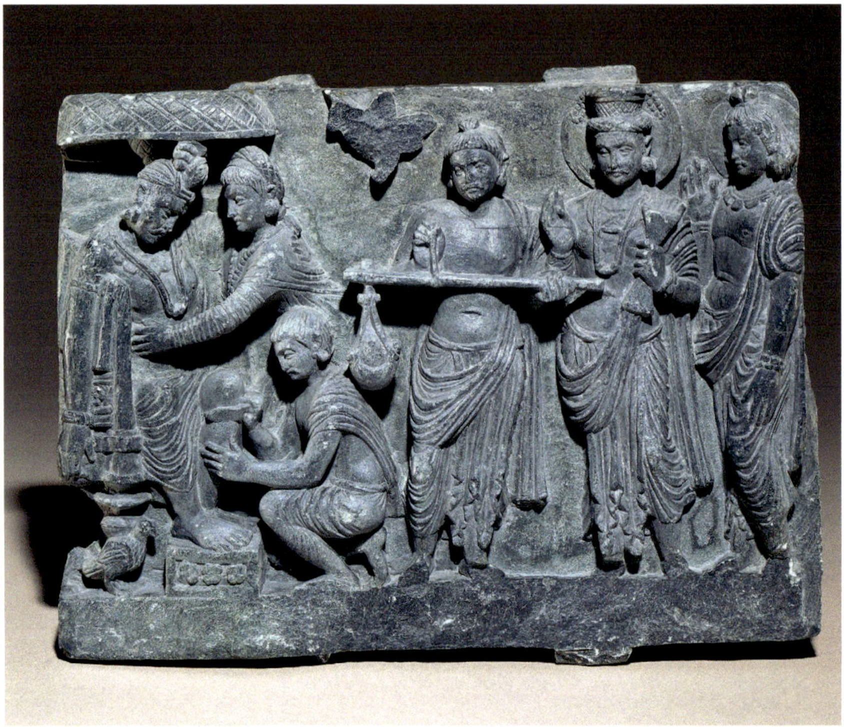

图39：犍陀罗尸毗王本生浮雕像，约公元2世纪。

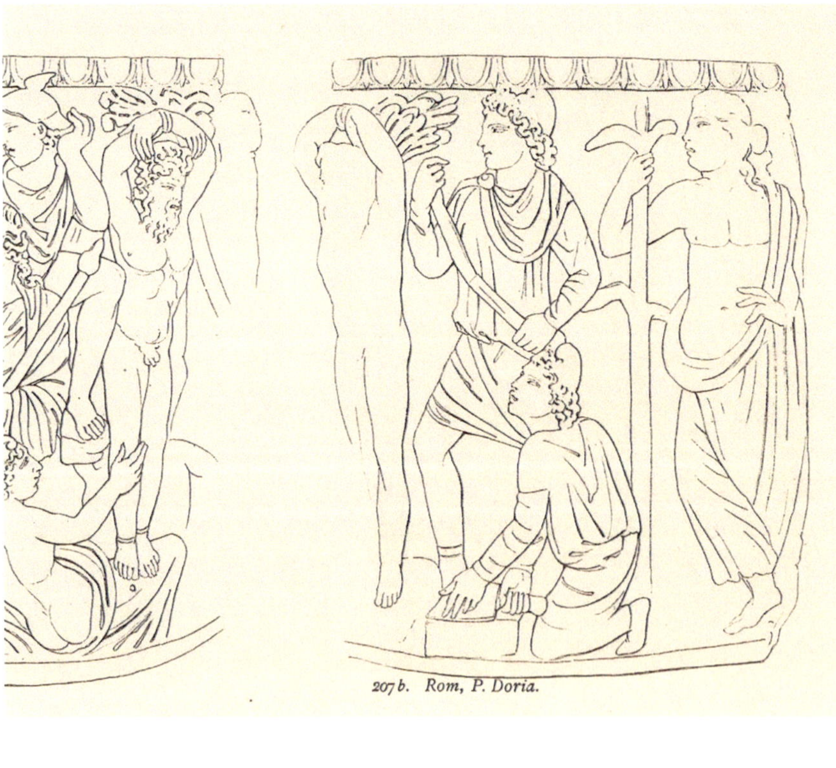

图40：罗马多利亚·潘菲利宫（Palazzo Doria Pamphilij）藏罗马石棺侧面惩罚马西亚斯场景的线描图。来自罗马奥勒良道（Via Aurelia），约公元230年。

犍陀罗的视觉叙事偶尔尝试通过系列场景来讲述复杂故事，这些场景叙述了主人公参与的连续事件。然而，单个图像通常被期望能够概括整个故事，或者其中大部分内容。[67]它们时而采取极端形式，将佛陀及其他角色塑造为符合正法的典范，或是对非法行为的警示说明。有些雕塑似乎是简单重复，以适应传达基本信息的目的。但即便具有高度象征性与模式化特征，这些浮雕通常也生动传神，富于灵动与表现力，更好吸引了瞻仰佛塔、佛龛的信徒的专注想象力。或许部分出于对视觉即时性的向往，犍陀罗的艺术家吸收了希腊—罗马美术的技巧。因此，在介绍了犍陀罗美术的背景后，我们现在应当注意东西方间令人讶异的关联。对这种跨文化联系的理解不单纯是涉及考古学事实的问题，过去的态度和方法深刻影响了现存证据和我们对此的阐释。因此，接下来的一章应始于19世纪，那时的犍陀罗美术早期研究者开始将其与古希腊文化相联系。

[67] 关于犍陀罗叙事技术，见例如Nehru（1989）；Taddei（2015）。关于贯穿印度早期佛教美术的美术性叙事见Dehejia（1990）；Dehejia（1997）。

第二章

希腊、罗马与犍陀罗

犍陀罗在19世纪的重新发现

到8世纪，经过外来政权统治的数个动荡世纪后，对犍陀罗恢弘寺院和圣所的赞助业已缩减；这些场所及其造像遭到废弃。[1]早在公元632年，当中国求法僧玄奘造访该地区时，他就记录了佛寺的荒芜和损毁，尽管他也发现了佛教信仰繁荣的小区域。[2]

在随后几世纪里，直到19世纪初，一些古代遗迹依然是景观中直接可见的部分。[3]一些地形命名反映出对它们的熟悉，例如"Gumbat"（普什图语的"圆顶"）。造像残片很可能在这些世纪中不时被发现。然而，对犍陀罗考古的持续好奇似乎最早在1830年代，在为兰吉特·辛格大君（Maharaja Ranjit Singh）宫廷服务的部分法国官员以及杰出、神秘的英国叛兵兼冒险家查尔斯·马松（Charles Masson，真名詹姆斯·刘易斯［James Lewis］）周围萌发。[4]1833–1838年间，马松在阿富汗东部游历、收购并挖掘犍陀罗时期制品，尤其是包括毕马兰舍利函在内的佛塔遗物窖藏（图12）。尽管缺乏专业训练与官方职务，他对遗址和发现物的记录仍领先于时代。[5]

各种宽泛意义上的"考古"活动在那十年间不断上演，但通往更广泛行动的大门，在英国军队（最早为东印度公司部队）支持下，于1846年第一次英国锡克战争（First Anglo-Sikh War）结束后打开。旁遮普和西北边境在当时实际成为英国的附庸国或缓冲区。这一时期最杰出的遗址或是贾马尔加希的佛教寺院，于1848

[1] 概况见Litvinsky（1996），107–87；Zwalf（1996），16–7。
[2] Zwalf（1996），30。
[3] 见Errington（1987），9–28就佛教遗址的消失与重新发现。
[4] 有关欧洲的首项研究见Errington（1987），29–63。关于犍陀罗在近代重新发现的大致情况：Rienjang and Stewart（2022）。
[5] 有关马松及其收藏见三部连续著作Errington（2017a）、Errington（2017b）与Errington（2021）。

年发现，并在1852年和1873年得到发掘——这里的“发掘”实际是对造像遗存的系统搜寻。[6]大量考古行动在19世纪其余时间至20世纪初持续，伴随着更为无序的“纪念品搜集”，这最终被英国当局尝试制止，但收效甚微。[7]在“官方”行动中调查并记录犍陀罗考古的代表人物是古董商、工程师兼士兵亚历山大·坎宁安爵士（Sir Alexander Cunningham）（图41），他在1861年被任命为印度考古调查局的考古调查总指挥（Archaeological Surveyor），随后成为首任局长（Director-General）。大量19世纪及20世纪初的摄影作品记录了来自罗里延·唐盖（图42）等重要遗址的雕刻发现，其中很多为印度考古调查局拍摄，某种程度上显示出科学记录考古发现的真诚努力，尽管得以保留的信息从现代标准看依然严重受限。绝大多数更壮观的发现最终都进入英属印度或伦敦的博物馆收藏。因此，如今的白沙瓦博物馆（Peshawar Museum）、拉合尔博物馆（Lahore Museum）、加尔各答的印度博物馆（Indian Museum, Kolkata）及印巴分治后昌迪加尔（Chandigarh）的政府博物馆暨美术馆（Government Museum and Art Gallery），再加上伦敦的大英博物馆（British Museum），拥有最为庞大的犍陀罗收藏。印度以外地区对犍陀罗造像的普遍兴趣不仅由军事活动推动，有关犍陀罗文化的学术研究变得国际化。在欧洲，著名匈牙利语言学家、教育家莱特纳在面向公众推广犍陀罗美术方面发挥了重要作用（见插入栏）。[8]

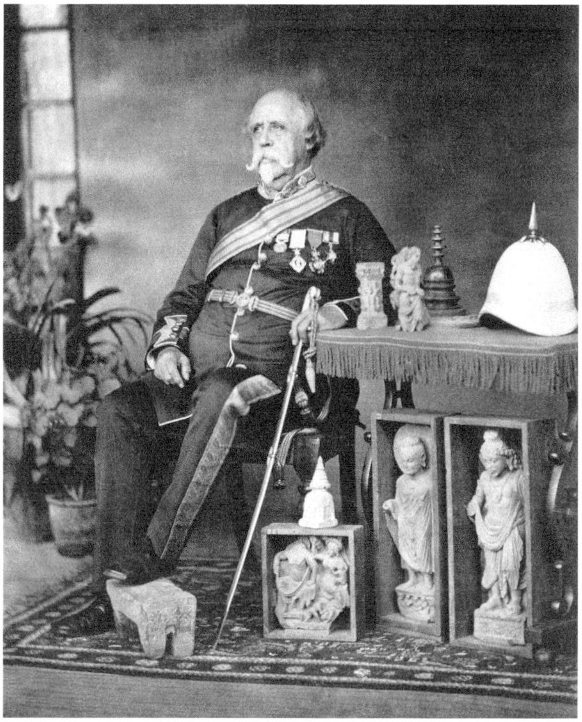

图41：少将（Major-General）亚历山大·坎宁安爵士（约1885年）坐在来自贾马尔加希的造像旁。

[6] 有关贾马尔加希见Errington（1987）及Errington（2022）；她承担了归纳现存文献及考古证据所需的调查工作。

[7] 见例如Z. Khan（2022）。1904年，一项“古迹保护法案”（Ancient Monuments Preservation Act）在印度开始实行。就西北边境殖民地考古的进一步讨论，见例如 Errington（1987）；R. Khan（2020）；Olivieri（2015）；Brancaccio（2017）；Morgan and Olivieri（2022）；R. Khan（2023）。

[8] Errington（1997）；Roberts and Dovoli（年代不详）。两项研究均为此处的插入栏提供了信息。

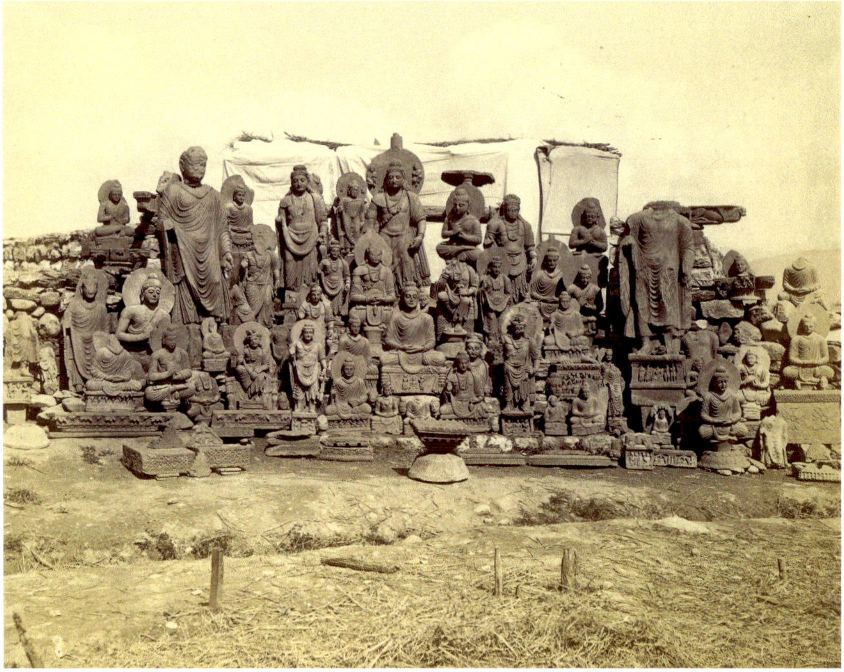

图42：亚历山大·凯迪（Alexander Caddy）1896年的摄影作品，记录了不久前在罗里延·唐盖发现的造像。

出生于布达佩斯的戈特利布·威尔海姆·莱特纳(Gottlieb Wilhelm Leitner)博士(1840-1899)在英属印度统治的最初几十年间，拥有作为语言学家、教授、大律师、行政官员与伊斯兰及亚洲文化倡导者的丰富多彩生活。在20岁出头的几年间于伦敦担任阿拉伯语教授后，他被任命为新拉合尔政府学院(Lahore Government College)的校长，并参与了其他知名教育团体。莱特纳在1886年不甚光彩地退休。返回英国后，他在沃金(Woking，距伦敦约30公里)创办了东方大学学院(Oriental University Institute)，该学院持续存在至其离世；以及英国第一座清真寺，目前仍在运营。

1870年代，莱特纳在西北印度统筹发掘工作，并建立了来自塔赫特巴依及其他地方的庞大犍陀罗造像收藏。他在1873 年的维也纳国际博览会上展出了184件造像以及许多其他标本，并在很大程度上将这项探索归功于本人，尽管他在官方名义上代表旁遮普政府。这些文物随后被送往伦敦，并适时出借给印度博物馆。一场包含115件犍陀罗文物的独立展览随后在1878年于佛罗伦萨举办。尽管莱特纳付出了努力，这些藏品在他的一生中从未找到永久藏地。尽管如此，作为首批向欧洲公众展示的大规模犍陀罗收藏，它们还是产生了影响。莱特纳收藏的造像中的绝大部分(包括图23中的浮雕像)在他去世后被柏林亚洲艺术博物馆(Museum für Asiatische Kunst)收购。

对于19世纪后半叶探索犍陀罗美术的欧洲士兵和官员来说(其中许多人接受过古希腊、罗马历史与文学教育)，这些雕塑品最引人注目的特征是它们与“西方”艺术不可思议的相似性。犍陀罗浮雕中的人物和装饰图案一次又一次呼应了古典美术的程式，而后者早已深刻塑造了现代欧洲文化。这种与权威且备受尊崇的希腊—罗马古代遗产的明显类同，在犍陀罗尚属大英帝国边境之时，显然能迎合殖民主义者的世界观。[9] 然而，后人对犍陀罗造像古典风貌的迷恋远比这更为深远。

“希腊—佛教美术”与希腊化传统

“犍陀罗美术”一词直到1900年代伊始才得以使用。在此之前，它惯称为“希腊—佛教”Graeco-Buddhist)美术。[10] 该习语至今依然流行，但在几个方面具有很强误导性，应当避免使用。[11] 它反映了一种观念，认为与西方的密切关联是犍陀罗美术的本质、决定性特征：正如伟大的法国印度学家阿勒弗莱德·福舍(Alfred Foucher)所形容的，“印度的材料被注入西方的模具中”。[12] 这种态度在鲁德亚德·吉卜林(Rudyard Kipling)1901年出版的小说《基姆》(Kim)开篇得到了广为人知的表达，其灵感源自吉卜林父亲所策划的拉合尔博物馆犍陀罗收藏：“门廊中立着希腊—佛教造像中的较大者，在唯有智者方能推知的年代，由早已被遗忘的工匠们制造，他们的双手并不生疏地感知着神秘流传的希腊风范。”[13] 与这种具有文化依赖性的概念相反，如今多数学者都以犍陀罗美术自身的视角看待它：其起源与功能完全是犍陀罗的、佛教的，尽管有时受外部传统强烈影响。犍陀罗美术极为鲜明地反映了全球艺术的联系，但这不应要求我们将其视为不同文化的“混合体”。同样存在问题的是“希腊—佛教”这一措辞中的假设，即犍陀罗美术的外来影响明确是希腊的，其发展曾植

[9] Ball (2020)，1-5。一项有关犍陀罗美术接受的殖民背景的开创性研究见Abe (1995)。
[10] 关于“犍陀罗”见Wang (2022)。“希腊—佛教”在1860年代得到使用，或由莱特纳推广：Errington (1997)，141；Roberts and Dovoli (年代不详)。
[11] 见Olivieri (2022)，53-4的进一步评论(“尽管瓶子上的旧标签无比顽固”)。
[12] Foucher (1917)，130。
[13] Kipling (1901)。

根于希腊化世界。这种吸引人的观点至今仍被广泛持有，值得更详细分析。

需要明确的是：犍陀罗美术呈现与数千公里以西地中海沿岸希腊—罗马世界古典美术的视觉类同是毋庸置疑的。有些人会主张，犍陀罗美术的希腊—罗马影响已被夸大，因为现代评论者（不仅在欧美，而且在亚洲）沉迷于这种联系，并倾向给予体现这种关联的美术作品更多关注与突出地位。这一批判不无道理，但无论如何看待，犍陀罗美术的古典特质都是不容忽视的。[14]

这种相似性呈现出诸多形式。我们已经遇到一些实例：佛陀的阿波罗式外貌（图14、15）；科林斯柱式与外国服饰（图8）；无处不在的丘比特式担花环者（图23、24）；“阿特拉斯”与诃利帝图像，呼应着表现古典女神与英雄的程式（图25、26、47）；佛教视觉叙事的古典化构图（图29-40）。事实上，此前展示的多数作品都在某个方面类似于希腊—罗马雕塑。我们在此讨论的，是犍陀罗美术与古典美术之间几种不同类别的相似性。这有时是风格问题——我所指的并非特定艺术家的个人特征，而是希腊美术典型的表现物象的一般手法：一种对身体、运动、空间和人物互动进行合理、“自然主义”渲染的艺术传统的再现趋势。这也许会体现在相当写实或具有夸张表现力的面部特征上（图43、44），但更常见的是近乎栩

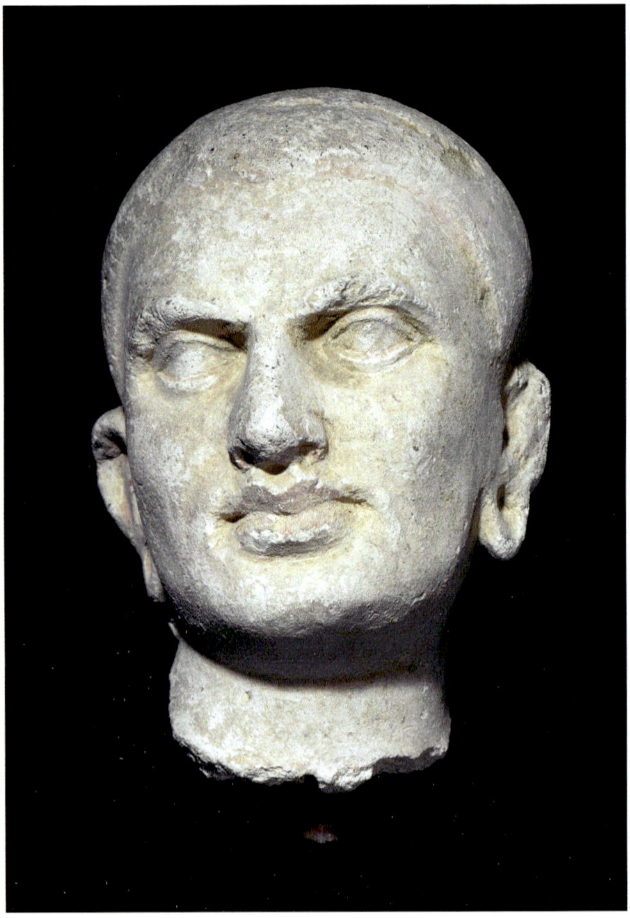

图43：一位僧侣的彩绘灰泥头像，或来自阿富汗哈达，约公元4、5世纪。这本是更大佛教叙事场景的一部分。五官的写实感接近希腊化时期的希腊和罗马肖像。

[14] 相关批判性评价见Filigenzi (2012)；Falser (2015)。对犍陀罗美术方法的批判性评价见Bracey (2020)。

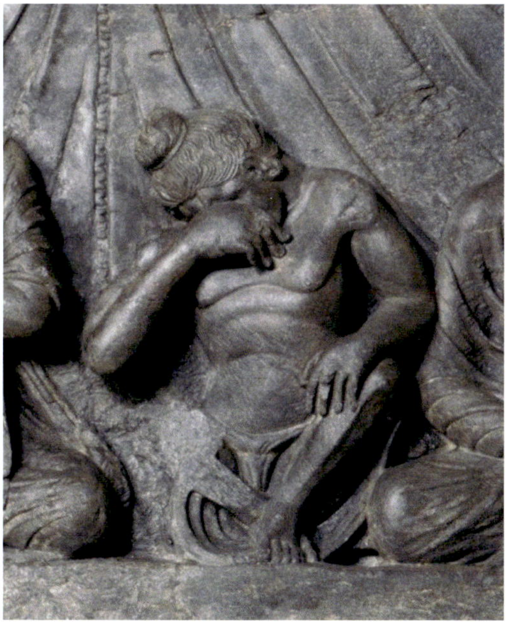

图44：一位悲痛的佛陀追随者，表现大般涅槃片段的犍陀罗片岩浮雕细节，约公元2、3世纪。

栩如生、饱含动态的身体与高度传统、冷漠且理想化面孔的结合：一种在公元前5世纪希腊备受青睐，并在整个古典传统中延续的现实与理想的平衡。这正是我们在上述佛、菩萨像中看到的。另一个可以被更宽泛纳入“风格学”挪用范畴的特征，是犍陀罗浮雕中人物反复采用的整套传统希腊—罗马手势和姿态。或曾用作佛塔台阶立面的细长方形浮雕像清楚地说明了这一点(图 8、46)。[15]这些雕塑上相当令人费解的男男女女似乎自然而然地摆出最初由希腊艺术家发明的姿势，特别是“对立式平衡”(contrapposto)——通过将身体重量不均匀地分配到腿部，将动感引入到人物中。有时，古典人物与犍陀罗人物之间站姿与手势的相似性几近不可思议(图45、46)。这就好像他们拥有相同的基因，这种家族相似性不仅在外表上，而且在行为的标志特征上流露。

图45：带有浮雕缪斯女神(Muses)像的罗马儿童石棺，来自奥斯提亚(Ostia)的伊索拉·萨克拉墓地(Isola Sacra necropolis)，约公元2世纪末。

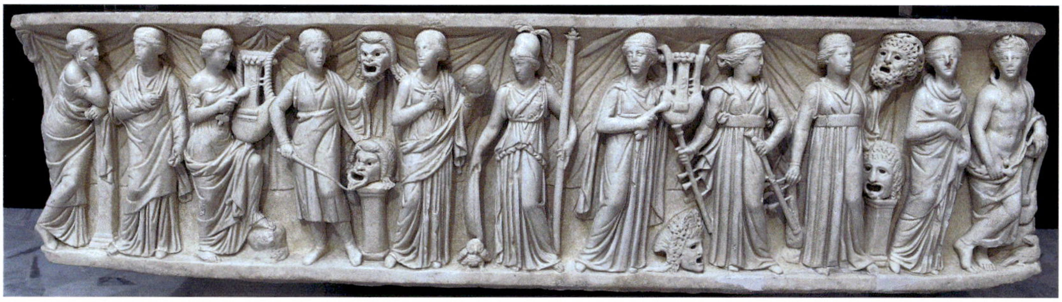

[15] 它们有时被统称为布纳(Buner)浮雕，尽管并非全部来自布纳地区。

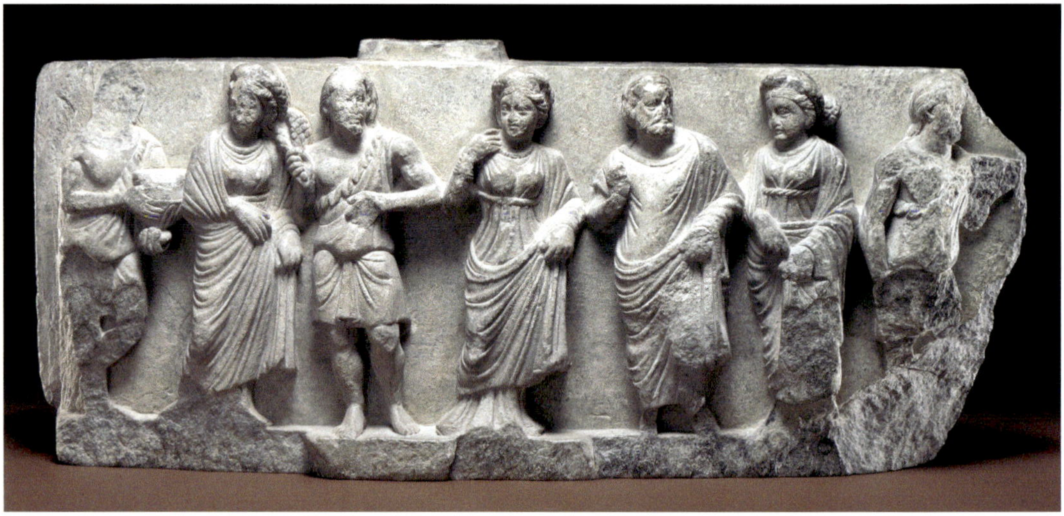

▲图46：带有站立人物的犍陀罗台阶立面浮雕像，来自塔赫特巴依，约公元2、3世纪。

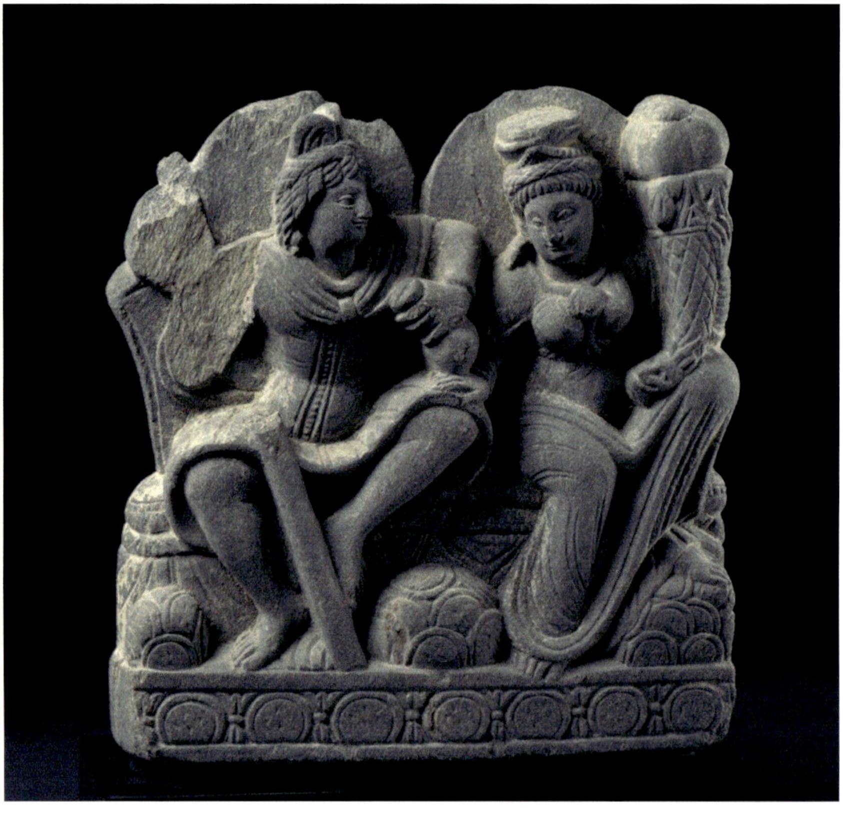

图47：表现诃利帝与般阇迦的小型犍陀罗片岩浮雕像（高18厘米），约公元2、3世纪。

此类实例也展现出人物着装的惊人相似性，因为犍陀罗浮雕中的人物总穿着即便在古希腊或罗马帝国也不显格格不入的服装。我们经常看到带袖束腰外衣和斗篷，或在希腊世界称作埃克索米斯(exomis)、属于赤膊工匠的无袖短袍。但这些都是实用服装，即便在迥异的文化环境中出现也并不稀奇。确凿无疑的，是希腊风格的希玛申(himation，即披风)——一片垂挂在身体四周的长方形布料，通常穿在束腰外衣上，不分男女。这正是我们在例如图46中四位人物身上所见(左起第二、第四、第五与第六位)，似乎也是佛陀本人僧袍的灵感来源。希玛申在希腊世界有着悠久的历史，几世纪以来一直是男男女女的时髦服装，并持续在罗马帝国东部希腊语地区使用(不应将其与外观相似但更宽松的罗马托加［toga］混淆，后者由西罗马帝国的男性穿着)。[16]这是一种难以驾驭的服装，穿着时伴随彰显社会地位与端庄姿态的举止，通常在肘部缠绕(“手臂吊带”姿势)或用手握住，这也是我们在图46中看到的。在这幅画面中，我们还能观察到另一种希腊—罗马美术中普遍存在的端庄仪态：中间女性的右手举至脸旁。我们无法确定对希腊—罗马服饰的借鉴在多大程度上是纯粹的艺术虚构，还是反映了现实世界的文化影响。对古代观众来说，犍陀罗的希玛申是否会显得陌生或怪诞？还是说，这是日常生活的一个侧面？

犍陀罗引进的希腊—罗马特征图谱广泛而灵活。古典风格、人物类型和服装等图像元素并不总是同时出现。例如，对比图26和图47中描绘诃利帝与般阇迦的两种截然不同的方法；二者都在不同层面上源自古典意象，但后者展示了艺术家对看似有伸缩质地的风格化布料垂褶、柔和的人体及一种适合男性神祇的伊朗式束腰外衣的偏爱。

图48例证了相反方向的极端情况：并非各种影响的创造性组合，而是对古典模板极为系统化的挪用。从各个方面来看，这都是与众不同的作品，人们或许会提出，它因此在整体上并非犍陀罗造像的典范。但与此同时，它也印证了犍陀罗的混合文化遗产。在这件显然是在印度河沿岸洪德(Hund)附近发现、或为装饰小型窣堵波阶梯而造的浮雕像上，我们看到了对任何熟悉希腊

[16] 就希玛申及其在希腊传统中的关联物见Smith (1998)，特别是第65-6页；Smith (2006)，35-8。就希玛申在犍陀罗的映像见Rowland (1945)。犍陀罗人物的服饰常被错误地与罗马托加相较。

神话的人来说都尚能立即辨识的视觉故事：木马的传说。[17] 车轮上的动物是希腊人用来将战士偷运进特洛伊城的空心马，使他们能在十年围困后洗劫此城（为使马的尺寸易于表现，对比例进行了艺术加工！）。我们看到特洛伊木马穿越这座岌岌可危城市的大门的瞬间。用长矛刺它的人是拉奥孔（Laocoon），一名怀疑危机将至并试图挫败诡计的牧师。门口的半裸女性是卡珊德拉（Cassandra），一位预言家般的女祭司，但她的警告也被在劫难逃的特洛伊人无视。这至少是希腊或罗马观察者解读该场景的方式。犍陀罗的观众并非不可能了解希腊神话术语。但考虑到假定的佛教语境，更有可能的是，这则古典故事与我们今天所不了解的佛教叙述并为一谈，而这些人物也许是为某个有关佛陀前世的道德故事重新塑造的。[18] 尤其值得注意的是，犍陀罗美术家不仅选择再现希腊起源的故事，还选择使用源自古典世界的图像。这些活灵活现的人物采用了希腊—罗马美术中常见的姿态和手势，并且大多穿着古典风格服装——只有胸前戴项链的“卡珊德拉”使人想起古代印度美术。事实上，整个场景都与公元1、2世纪左右的西方图像极为接近（图49）。

这几个实例有代表性地展现了犍陀罗人对古典传统的普遍兴趣。诚然，显著的风格多样性在几个世纪间存在：不同艺术家、作坊及产地都有各自的偏好。有些造像非常有选择地借鉴了古典先例；而其他许多则只是隐约甚至毫无借鉴。部分作品具有惊人的创新性与原创性，尽管它们看似相当微妙地呼应了那些在地中海沿岸用大理石制作的浮雕像。模仿的过程从来都不是盲从，对直接被复制模板的“误用”或“误解”即便存在也比较少见。这就好像，那些热衷于希腊—罗马程式的犍陀罗美术家对这些传统的理解相当透彻，而这植根于他们作为工匠的训练中。他们似乎对古典构图和艺术母题了如指掌，并能凭直觉将其调整至适合自身目的。这意味着在大多数现存造像制作时，这种影响已在犍陀罗深深扎根。这绝非短暂文化接触的产物，也不能仅凭对西方输入图像的熟悉来解释。很难想象仅靠复制希腊或罗马制品

▶图49：展现特洛伊战争场景的罗马大理石棺盖细节，约公元2世纪晚期。

[17] 伦敦大英博物馆编号OA　1990. 10-13. 1。Zwalf（1996），卷1，233-4，no.　300；Stewart（2016），包括第6页n.　16的完整参考文献。

[18] Foucher（1950）。印度也有一些相当类似的神话，具体内容却大相径庭。

就能促成对外来美术传统如此天衣无缝的同化，除非人们对这种传统已有预先存在的熟悉感，并有使用它的强烈意愿。出于所有这些原因，“影响”一词虽便于形容犍陀罗与古典世界间的关联，但似乎并不恰当。这暗示着犍陀罗美术在面对外部模式时是被动接受的，而实际情况并非如此。

那么，我们应该如何解释这些源于一种4000公里以西遥远艺术传统的非凡回响呢？一个直接答案似乎来自马其顿希腊国王亚历山大大帝，他在19世纪殖民时期考古学家的想象中占据了中心

图48：展现“木马”场景的犍陀罗片岩浮雕像，来自洪德，公元2世纪。

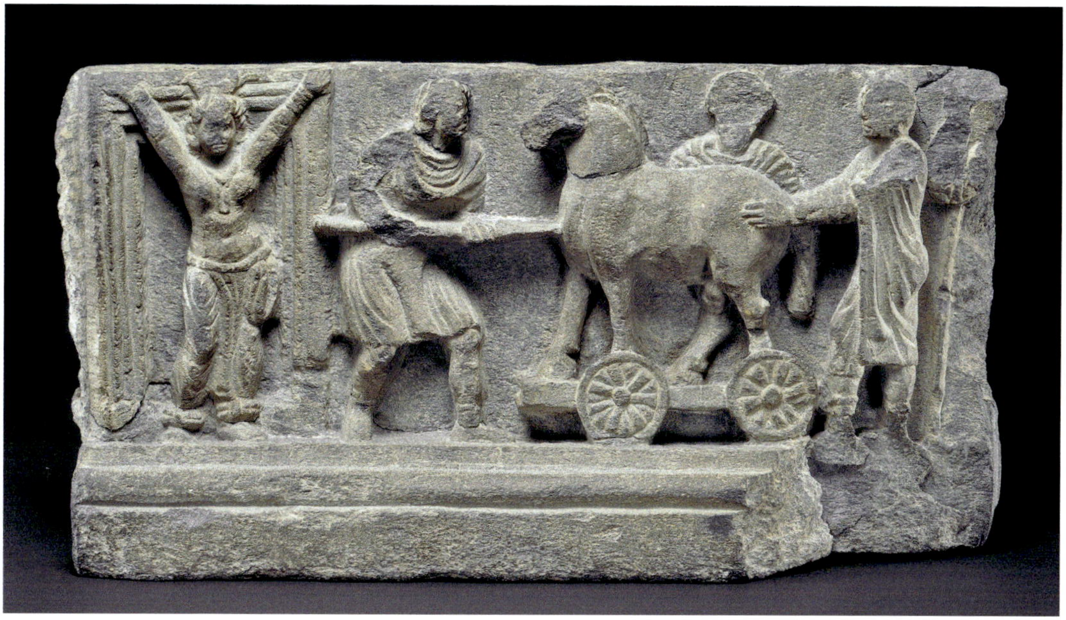

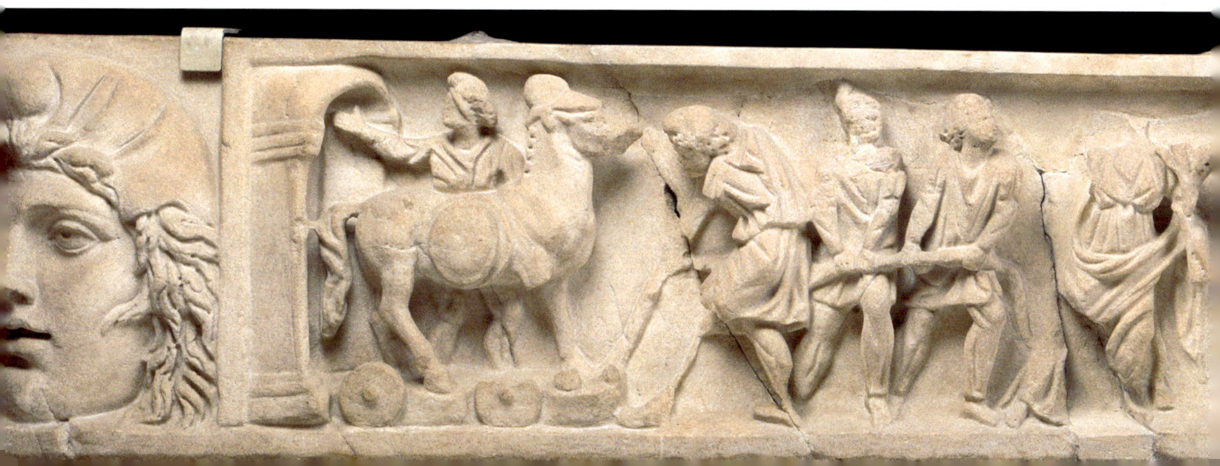

地位。[19] 自公元前336年即位至前323年死于巴比伦期间，亚历山大将其父马其顿腓力二世(Philip of Macedonia)的征服范围拓展至涵盖整个阿契美尼德波斯王国(Achaemenid Persian Empire)。他在前326年征服了犍陀罗，并且率军渡过印度河。亚历山大的帝国的寿命似乎同他本人的一样短暂，迅速分裂成数个继承国。但由此带来的遗产，是希腊文化从地中海传向中亚。波斯帝国的旧领土此时由马其顿血统的君主统治。希腊语言、习俗与政治实践在许多或自称“希腊人”的人口主导的殖民地延续，而希腊文化的某些方面也被很多非希腊族裔采用并改造。[20] 在公元前2、3世纪的大部分时间里，巴克特里亚(Bactria，即大夏，以阿富汗北部为中心)由独立的分裂王国“希腊—巴克特里亚”(Graeco-Bactrian)统治者掌控，例如狄奥多特一世(Diodotos I，约前250年－前235年)、欧西德莫斯一世(Euthydemos I，约前225年－前200年)和欧克拉提德一世(Eukratides I，约前170年－前145年)。前2世纪初，扩张性战役使得犍陀罗被吞并。犍陀罗及邻近地区受到“印度—希腊”(Indo-Greek)君主控制，他们已被从巴克特里亚原来的权力中心驱逐(巴克特里亚本身在本世纪末前崩溃)。有关这些统治者的历史证据很少，他们主要通过现存的钱币类型为人所知，这些货币显示出对其权利的夸大其词。[21]

印度—希腊钱币证实了一种文化融合，这可能既是意识形态上的，也是实用层面的。这些钱币是双语的，正反两面带有以希腊语与犍陀罗语书写、含义相近的铭文(图50)。它们凭借年代更早、可追溯至亚历山大早期继承者的希腊化钱币设计惯例来彰显权威。印度—希腊国王之一米南德(Menander，约前160年－前130年)后来以虔诚皈依者弥兰王(Milinda)的身份进入了佛教传

[19] 有关对亚历山大大帝的痴迷见Ball (2020)，1–5；Morgan and Olivieri (2022)，特别是第21–4页。

[20] 关于希腊化世界概况见例如Walbank (1981)；Pollitt (1986)关于艺术；Erskine (2003)；Thonemann (2015)； Thonemann (2016)。

[21] 关于希腊—巴克特里亚及印度—希腊人的最新概述及进一步的参考文献：Mairs (2014)；Mairs (2021)。有关该课题考古学参考书目的全面综述见Mairs (2011)，在https://hellenisticfareast.wordpress.com定期更新（2023年8月22日最后查阅）。有关钱币：Bopearachchi (1991)，特别是最新的巴克特里亚与印度—希腊统治者（BIGR）钱币数据库：https://numismatics.org/bigr。美术：Boardman (1994)，99–124。

图50：米南德一世银币（四德拉克马）。

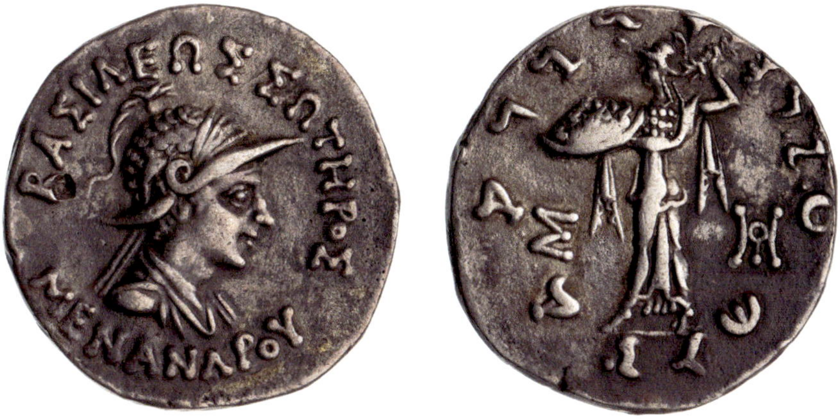

钱币正面展现国王侧面头像，佩戴头盔与带状皇冠（diadem）；希腊铭文读作“属于救世主米南德王”（of the saviour king Menander）。反面展现女神雅典娜的传统立像及犍陀罗语铭文（佉卢文字体书写）“属于救世主米南德大王”（of the saviour great king［maharaja］Menander）。

统——这或许不过是传说，却反映出希腊文化与本土文化在所谓“希腊化远东”的交织。[22]

自从犍陀罗美术的古典面貌得到辨识以来，希腊化世界就被视为其发展的基础。该理论因阿勒弗莱德·福舍等早期评论者的观点得以巩固，即犍陀罗美术的起源比现在认为的更早一些，且佛陀形象是在公元前1世纪希腊化时代结束前构想出来的。长期以来。希腊起源假说获得的考古学佐证少得使人沮丧。阿富汗和印度/巴基斯坦的希腊势力几乎是杳无踪迹。然而，一些学者依然坚信，支持文献及造币所提供信息的进一步线索终将浮现。1960年，法国考古学家丹尼尔·施伦贝格尔（Daniel Schlumberger）预见性地提出：“阿姆河（Oxus）沿岸希腊国王的遗迹终将重见天日。”[23]不到两年，阿伊哈努姆（Ai Khanoum）在阿富汗东北部的发现就证实了他的正确性。阿伊哈努姆（后来几近被盗劫摧毁）是一处希腊化时期的希腊殖民地遗址，在公元前130年代左右某个时刻遭到废弃前，曾在欧克拉提德王治下蓬勃发展。[24]从希腊考古学的

[22] 该传统可以追溯到佛教文本《弥兰王问经》（Milindapañha），或在犍陀罗编撰而成：M. Willis“弥兰王的问题”（2016年6月14日未发表报告，10.5281/zenodo.253879）。有关所有材料的讨论（并接受事实有两位名叫“米南德”的国王的理论）见Kubica（2021）。

[23] Schlumberger（1960a），153。

[24] 有关阿伊哈努姆的发掘工作尤其应参阅Bernard（1973）。关于该遗址不同区域的

视角来看，这座遗址的外观特征非比寻常。一些建筑技法是本土的(例如泥砖、平屋顶、用走廊代替门廊)，这无疑是出于实用原因。[25] 建筑的各种方面，包括主神庙(所谓凹进壁龛神庙［Temple of the Indented Niches］)，都反映出阿契美尼德波斯传统，而且事实上，街道规划可能还保存着更早的阿契美尼德定居点痕迹。[26] 尽管如此，阿伊哈努姆也提供了丰富的希腊文化证据，包括希腊语献词和行政文书，以及希腊风貌的艺术品(图51)。[27] 自1960年代以来，有关古典美术存在的进一步线索，伴随希腊—巴克特里亚或印度—希腊文化其他方面不断增长的大量证据而浮现。例如，在巴基斯坦斯瓦特河谷的巴里果德(古巴兹剌)大范围推进的意大利发掘项目，揭示了从希腊殖民者时代一直延续到公元4、5世纪的不间断城市历史。[28] 一些希腊语铭文是该时期当地复杂文化混同的一部分。遗址还提供了这一社会环境下佛教修习的相对较早证据。[29]

图51：石灰石丧葬碑(墓碑)，浮雕一位身穿斗篷的年轻人，来自阿伊哈努姆墓地，约公元前2、3世纪。

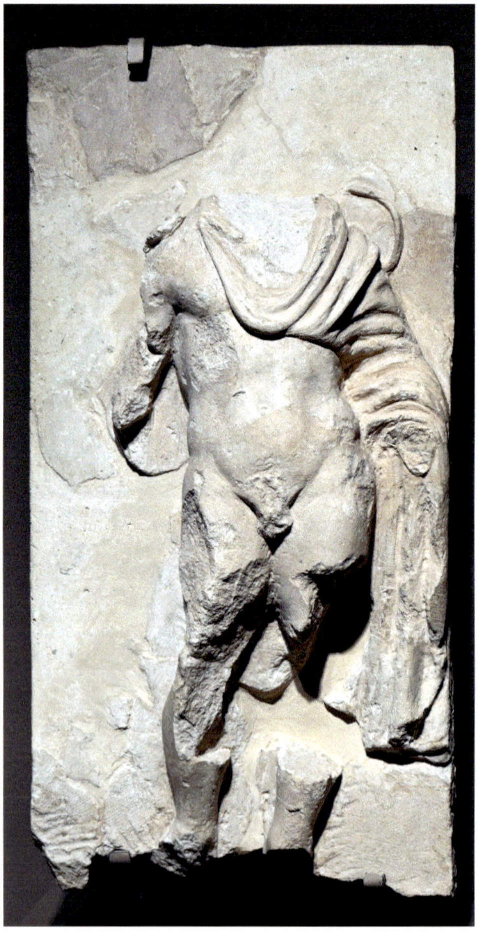

必须补充的是，任何希腊化希腊艺术对该地的影响，都不一定仅归功于的确自视为希腊人的人群。在希腊化时期，希腊美术的程式、宗教图像及写实表现技术广泛传播，鲜明体现在为非希腊人制作的艺术品中。这可以在有着土著或游牧血统的中亚族群中探寻，正如我们在阿富汗的蒂拉丘地(Tillya Tepe)宝藏或乌兹别克斯坦南部卡尔查延(Khalchayan)那些精美绝伦、栩栩如生的泥塑中看到的那样(图

一系列出版物以“Fouilles d’ Aï Khanoum”为标题延续。其中，关于该遗址的希腊文化问题，特别注意Veuve (1987)与Rapin (1992)。Rapin (1990)与Mairs (2014)，57-101也很有帮助。

[25] Martinez-Sève (2014)，特别是第278-81页；Lecuyot (2020)。

[26] Mairs (2013)；Martinez-Sève (2014)。

[27] Hiebert and Cambon (2011)，81-130；Martinez-Sève (2014)。

[28] Olivieri (2021)。

[29] Tribulato and Olivieri (2017)。

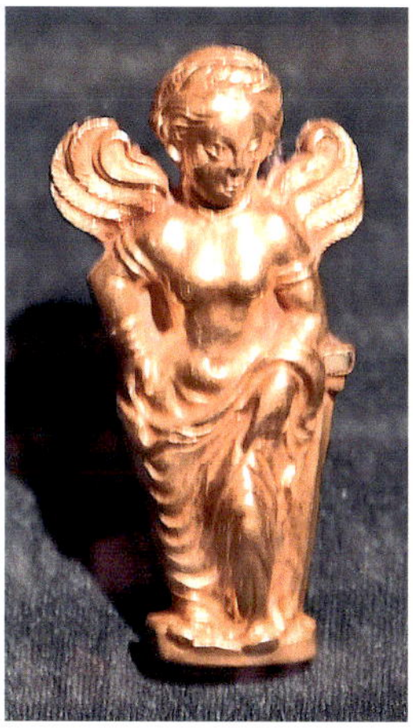

图52：带绿松石镶嵌的小金像，原用以装饰蒂拉丘地6号墓一具女性遗体，约公元1世纪中叶。有翼女神改编自阿芙洛狄忒（Aphrodite）的古典图像。

52、53）。[30]用希腊化术语来说，这些属于晚期实例——来自公元前后1世纪——可被视为“后希腊化”遗产，显示了希腊势力在巴克特里亚和犍陀罗留下的挥之不去的影响痕迹。更全面地来看，诸如丹尼尔·施伦贝格尔等学者长期以来一直令人信服地主张，希腊化希腊艺术与伊朗及其他地区的传统相结合，在从地中海地区到印度的广袤领土上延续了数个世纪。[31]约翰·马歇尔曾提出，体现西亚共同希腊化文化的帕提亚人（the Parthians），在佛教美术于犍陀罗兴起的时期，在希腊传统传播该地的过程中发挥了作用，而这种观点被后来学者接受。[32]我们所说的“帕提亚人”是指从属于伊朗文化的人，他们在安息（Arsacid）王朝治下的希腊化世界部分地区掌权。在公元1世纪贵霜势力崛起前，帕提亚（或“印度—帕提亚”［Indo-Parthian］）贵族作为地方统治者治理犍陀罗。除有关其钱币的证据外，我们对这些统治者知之甚少，但帕提亚艺术与希腊化希腊传统相互交织。[33]帕提亚的影响可能对犍陀罗佛教美术的发展作出至少一些贡献。

图53：彩绘战士陶塑像，来自乌兹别克斯坦卡尔查延宫殿大厅的一处战斗场景，公元前1世纪。

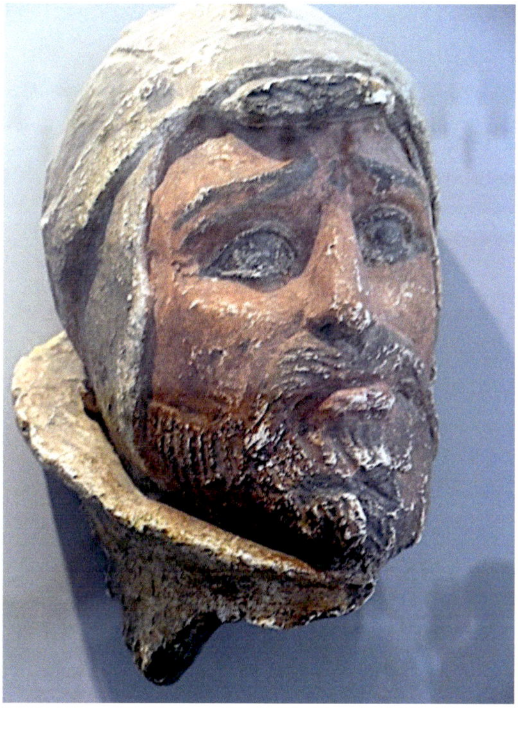

即使从这一简要概述中也能明显看出，在犍陀罗美术中，我们讨论的是希腊化时期希腊世界的某种遗产，即便

[30] 卡尔查延：Pugachenkova（1971）。蒂拉丘地：Saranidi（1980）；HiebertandCambon（2011），219-93。另见Boardman（1994），145-6。
[31] Schlumberger（1960a）、（1960b）。
[32] Marshall（1960）。Nehru（1989），特别是第65-97页，提供了对塔克西拉及其他地方线索表明的传统的复杂评估。
[33] 有关帕提亚人的最新综述见Bruno（2021）。印度—帕提亚：伊朗百科全书（Encyclopaedia Iranica，卷13，1，100-103册）“印度—帕提亚王朝”条（C. Fröhlich著，https://iranicaonline.org/articles/indo-parthian-dynasty-1，2023年9月21日最后查阅）。

“希腊—佛教” 并非适当的描述。然而，我们不应急于定论，因为解释并不那么直截了当。

罗马帝国与犍陀罗

在之前的讨论中，我经常避免专门提及犍陀罗美术的“希腊”范本，而是使用更模糊的术语“古典”和“希腊—罗马”。这是由于古代的古典传统不仅涵盖希腊化希腊，也包括罗马帝国，而罗马在这个故事中扮演了关键角色。

上文的阐释——有关中亚的希腊人及希腊文化影响或曾如何帮助塑造犍陀罗美术——面临一些阻碍，其中最主要的是断代。在学者们开始研究犍陀罗美术时，年代测定就一直是个巨大的挑战。涉及年代学的重大问题如今依然存在，但几十年来对这些造像的发掘和仔细研究，以及钱币学的进展（金属货币对断代至关重要），使这一图景的聚焦逐渐清晰。[34] 曾在佛教圣地使用、最早可纪年的犍陀罗造像，可追溯至公元1世纪的第二个二十五年，即印度—帕提亚统治该地的时代。这些雕刻来自斯瓦特河谷大型考古遗址——塞杜沙里夫（Saidu Sharif）及布特卡拉一号（Butkara I），这些地方曾被意大利考古学家细致发掘并研究多年。类似的造像活动很可能同时在白沙瓦盆地更南部进行，尽管证据相对模糊。[35] 无论如何，犍陀罗宗教造像似乎已在该世纪晚期广泛繁荣。

依照惯例，希腊化时期一般被认为在公元前31年结束，当时罗马皇帝屋大维（Octavian，即奥古斯都）击溃了最后一位自治的希腊化时期希腊君主——克利奥帕特拉七世（Cleopatra VII）。所以，严格来说，犍陀罗美术是一种后希腊化现象。但这不过是一种咬文嚼字。更关键的是，希腊血统的国王对这一地区的统治早在公元前1世纪的前几十年就终结了。换而言之，我们几乎毫不了解的最后一批印度—希腊人和最早的犍陀罗造像间存在大约一世

[34] 有关综述及进一步的参考文献见Rienjang and Stewart（2018），包括乔・克力勃（Joe Cribb）所做的对钱币线索的关键整合（Cribb［2018］）。

[35] 关于斯瓦特历史遗迹的年代学：Faccenna and Taddei（1962-4）；Faccenna（2001）；Olivieri（2022），特别是第31-42页；Olivieri（2023），61-2。见Naiki（2019）关于来自白沙瓦盆地的线索。

纪的空白。希腊艺术在中亚的最后实质性证据与犍陀罗传统的发源之间的年代差距甚至更大。因此，没有明确证据表明希腊化国家和佛教时期犍陀罗美术之间存在连续性。这不一定意味着文化连续性绝不存在，也不意味着上文提及该地区遗留的后希腊化或"希腊—伊朗"（Graeco-Iranian）遗产的概念有误。考古学，特别是在这一地区，正在与证据的丢失作斗争。未来的发现或许会改变我们的认识，正如阿伊哈努姆的发现在当时引发了变革。用一句著名格言的话来说：证据的缺失并非其不存在的实证（Absence of evidence is not evidence of absence）。

尽管如此，串联希腊化世界与犍陀罗美术的证据的匮乏有其启示性，最早犍陀罗造像的特征也有待进一步反思。斯瓦特河谷那些精彩绝伦的浮雕几乎是凭空出现，有很好的理由相信，它们也许在某些方面受到了希腊化希腊或罗马艺术的影响。在公元1世纪中叶后不久为塞杜沙里夫佛塔制作的非凡佛教叙事性浮雕装饰带，已被情有可原地与250年前的佩加蒙祭坛（Great Altar at Pergamon）相比较。有人认为，早期的犍陀罗美术大师以极具创造性的方式，借鉴了希腊化图像的丰富遗产。[36]但至少从表面上看，其风格显然有别于后来的犍陀罗造像——明显没有那么"古典"。人物不那么写实，更具示意性（图54）。也就是说，墨守成规的图案凌驾于对解剖与运动的观察之上。特别是，它们具有高度的线条感：凿子被用来雕琢头发和服装的平行线。这种雕刻风格的生硬效果，创造出一种不同于大多数希腊—罗马雕塑的模式化印象，尽管可能与帕提亚雕塑和印度次大陆的美术有些关联。[37]相比之下，公元1世纪末至3世纪贵霜时期的犍陀罗造像，与希腊—罗马西方的传统最为相似。这样的事实驳斥了任何有关犍陀罗美术创作与希腊化希腊直接衔接的简单看法，至少显示出与外来传统之间更为复杂、不断变化的关联。

有一种处理这种关联的替代性思路：将其视为犍陀罗与古典西方间持续的同期互动的产物。犍陀罗造像的繁荣期恰好与罗马帝

[36] 有关"塞杜大师"（Master of Saidu）对希腊化范式兴趣的最近评论见Olivieri（2022），特别是第165–81页。

[37] Filigenzi（2012）。

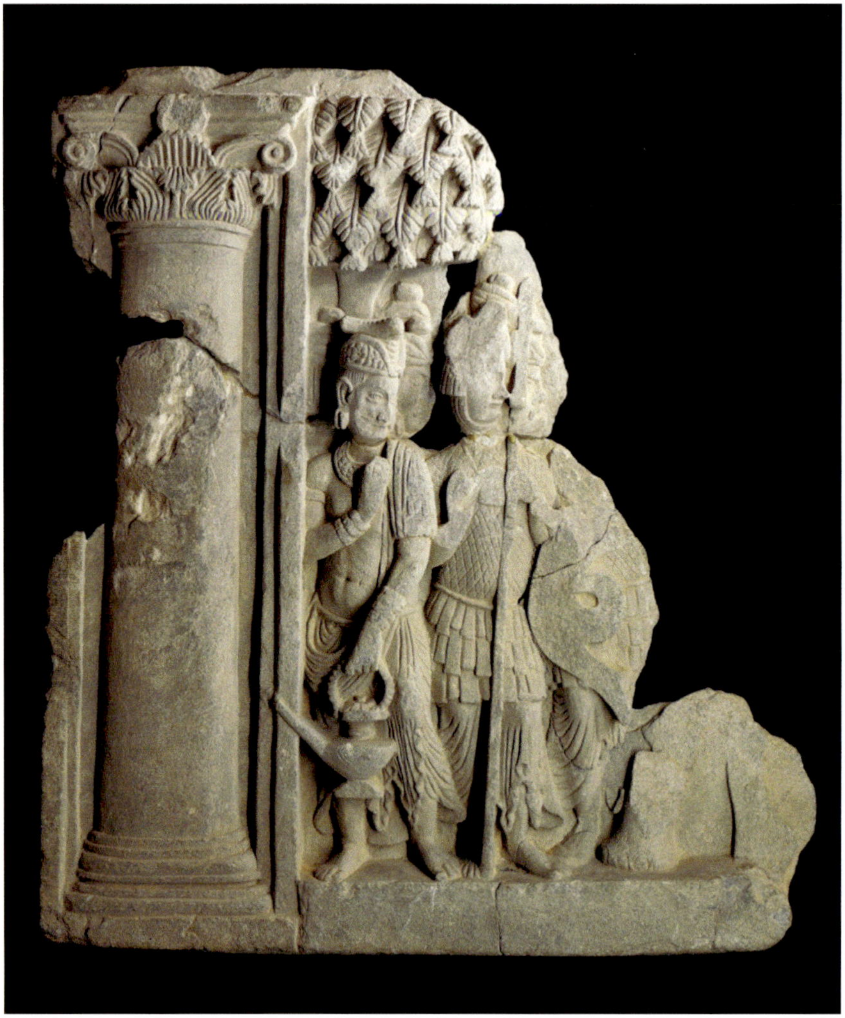

图54：来自塞杜沙里夫一号窣堵波饰带的“绘画风格”(drawing style)片岩浮雕像，约公元50-70年。大象向悉达多献礼的场景片段、

国艺术和纪念性建筑的高峰期相吻合，正是罗马帝国的艺术作品为犍陀罗图像提供了最佳的古典参照。

罗马帝国的相关性曾获得少数早期犍陀罗美术史学者承认，而对罗马影响证据的研究在1940和1950年代得到了加强。[38] 对此类观点强烈(时而凶猛)的抵制也一度存在。[39] 在那个时期，罗马艺术通

[38] Zwalf (1996)，67有关该想法的起源。关于此后以罗马为中心的研究，见例如Wheeler (1949)；Buchthal (1943)；Buchthal (1945)；Rowland (1936)，特别是第392-5页；Rowland (1942)；Rowland (1956)；Rosenfield (1967)；Soper (1951)。

[39] 例如Marshall (1945)，第117页：“因此，这种不足为信的理论死灰复燃，有点令人惊讶”(在此篇评论中，马歇尔对布赫塔尔时常站不住脚的论点的激烈抨击并非毫无道理)。

常不受大多考古学家和艺术史学家高度尊重，而古希腊则拥有极大的文化权威。犍陀罗美术家被视为几个世纪前令人钦佩的希腊传统的后继者。但对于罗马影响的支持者来说，反问这些美术家是否实际在模仿其所处更广阔当代世界的艺术是非常合理的。

这些对立观点背后是希腊影响在罗马艺术中无处不在的事实。罗马国家成长于希腊化世界的边缘。至少早在公元前6世纪，希腊风格和图像就已经影响了古代意大利艺术的发展。在希腊化时期，罗马城逐渐主宰意大利，与意大利南部希腊殖民地，而后是地中海东部希腊王国发生接触（和冲突）。在公元前2世纪结束前，一个涵盖地中海地区大部的帝国已经建立起来，包括西班牙、希腊大陆及部分小亚细亚。罗马人大规模地成为艺术的消费者，培养出对希腊艺术及希腊文化诸多其他方面的品味，并雇佣了希腊出身或受希腊式训练的艺术家。在随后几世纪，尽管艺术不断演化并服务新目的，罗马的风格和图像体系始终深受希腊传统的影响。[40] 因此，从某种意义上说，罗马艺术是希腊化艺术在新环境中的延续。

在辨识犍陀罗美术潜在的古典范本时，这就引发了问题。许多犍陀罗造像与罗马作品相似，但这并不能确证其作者是向罗马而非早期希腊传统寻求灵感。我们在罗马帝国艺术中遇到的一切几乎都能援引希腊先例！例如，请考虑犍陀罗造像中如此常见的普蒂——担花环的童子（图23、24）。罗马美术中有大量十分相近的图像实例，因此乍一看，罗马显然是该主题的来源。然而，这些受爱神阿芙洛狄忒/维纳斯（Venus）之子厄洛斯（Eros）/丘比特影响的顽皮人物，最早是在希腊化时期发明的。那么实际上，我们是否看到同时代的罗马、犍陀罗美术家各自独立借鉴了植根于希腊化时期的共同希腊遗产呢？依照这种观点，犍陀罗雕塑与罗马雕塑只是拥有共同希腊血统的艺术“表亲”。[41]

---

[40] 关于罗马帝国艺术在希腊背景下的发展，以及罗马艺术身份的问题见例如 Brendel（1979）；Hölscher（2004）； Stewart（即将出版）。

[41] Marshall（1945），121。

这种“希腊中心论式”观点往往主导了有关犍陀罗美术的大部分讨论。这有时被用作默认解释(default explanation)，即便作者承认罗马帝国的相关性：如果希腊起源是可能的，何必将罗马引入其中？对于一些人来说，犍陀罗美术家趋近于罗马帝国的事实不过是细枝末节，因为东部帝国人口讲希腊语，而罗马艺术在本质上具有希腊化起源。[42] 事实上，“希腊化”一词常常充当灵活多变、包罗万象的术语，用来指代最终源自希腊文化的任何事物，即便在希腊化时代终结数个世纪后。然而，这种方法的风险在于忽视了犍陀罗美术发展的具体历史环境——其全球背景。

罗马帝国是公元1世纪、2世纪和3世纪世界中庞大的政治、经济和文化势力，在这一时段中期，其直接统辖范围从现代的苏格兰延伸至埃及和伊拉克。现有丰富证据证实罗马与南印度之间的贸易，由此带来的税收为罗马国家支出提供了很大一部分资金。[43] 关于罗马与贵霜朝犍陀罗之间贸易往来的现存证据较少，但古代文献、钱币学和考古学中有足够线索佐证其存在(主要通过海上)，且规模相当可观。阿富汗贝格拉姆(Begram)著名的“宫殿”遗址生动展示了奢侈制品通过长途贸易所能移动的距离，有200余件罗马文物在此出土，尽管这是绝无仅有的，就此广泛推论会带来风险(图55)。[44] 还有一些证据表明，罗马皇帝和贵霜人之间存在外

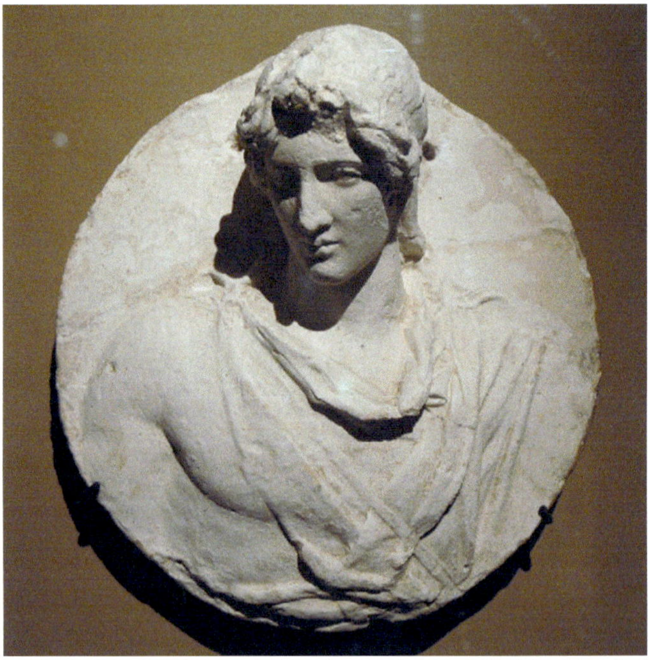

图55：来自贝格拉姆宝藏的小型石膏青年浮雕像(高22. 3厘米)，约公元1世纪。

[42] 例如Boardman (1994)，109–45；Boardman (1996)，280。

[43] 关于与南亚、中亚的贸易及税收的讨论见McLaughlin (2014)；McLaughlin (2016)；Graf (2017)。另注意Wheeler (1949)，13–16。Ball (2000) 论述了罗马帝国在亚洲的地位的许多方面。

[44] Whitehouse (1989)；Mairs (2012)；Morris (2021)。

交接触，可能是由于两国在面对共同敌人——帕提亚帝国——时的共同利益所促成的。[45] 这些联系虽然遥远且薄弱，本身并不能解释犍陀罗美术的希腊—罗马特征，但或许有助于创造艺术交流的条件。犍陀罗美术家对古典艺术原理的洞察力表明，艺术家们从罗马帝国到犍陀罗的流动也许是影响的主要载体，他们可能受雇来完成一些有影响力和声望的委托。[46] 无论如何，如今多数专家假设，罗马思想和技术的转移至少是犍陀罗美术史的一部分。

这种艺术上的转移，在犍陀罗的佛教美术赞助人期望将其物质财富功德圆满地化作虔信的耐久纪念碑时充分显现。这并非一种全新的实践，在印度各地早已上演，例如秣菟罗、桑奇、巴尔胡特、阿马拉瓦蒂。然而，对此类纪念建筑的需求在贵霜朝犍陀罗的集聚似乎是空前的，倘若同时期罗马地中海地区的雕塑热潮在引导佛教赞助人的期许与艺术家的回应方面发挥了部分作用，那也不足为奇。上文提到的所有关于犍陀罗的希腊—罗马风格、图像影响的实例，都能用那个时期罗马帝国生产的艺术品来说明。

尤其引人注目的是，许多犍陀罗浮雕让人联想起罗马石棺上的结构、布局和特定人物类型（图23、24；29、30；32、33、36、37；39、40；45、46；48、49；56、57）。[47] 对这些精雕细琢大理石棺的偏爱，在公元2世纪上半叶的罗马帝国兴起。它们是为意大利及地中海其他城市化地区的上流阶层和富裕的“中产阶级”罗马人而制造的，主要生产中心位于罗马（使用卡拉拉［Carrara］大理石）、雅典，以及小亚细亚西部（土耳其）的采石场。罗马都城的客户有时会从帝国偏远地区进口这些产品，而小亚细亚制品也

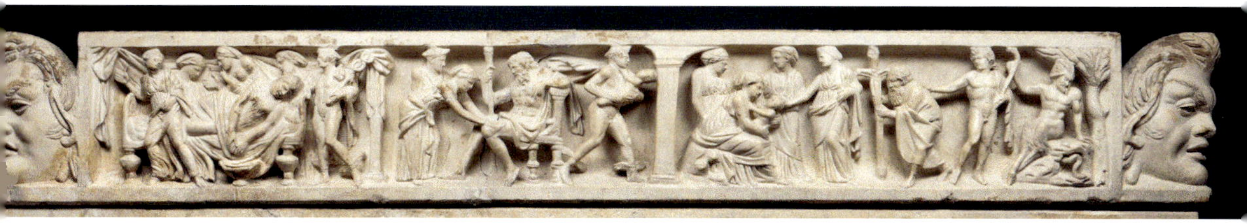

图56：罗马大理石棺盖，表现酒神狄奥尼索斯/巴克斯（Bacchus）的诞生及婴儿期的场景，约公元190年，于罗马“利西尼墓”（Licinian Tomb）发现。注意树及拱门以使人联想起譬如图57所示犍陀罗台阶立面浮雕像的方式建构了场景。

[45] Thorley（1979）；Graf（2017），特别是第492页。关于罗马—贵霜总体接触见Rosenfield（1967）；McLaughlin（2016），84–9。
[46] Soper（1951），305；Stewart（2020），80–1。
[47] 关于罗马石棺总体情况见Koch（1993）；Zanker and Ewald（2012）。

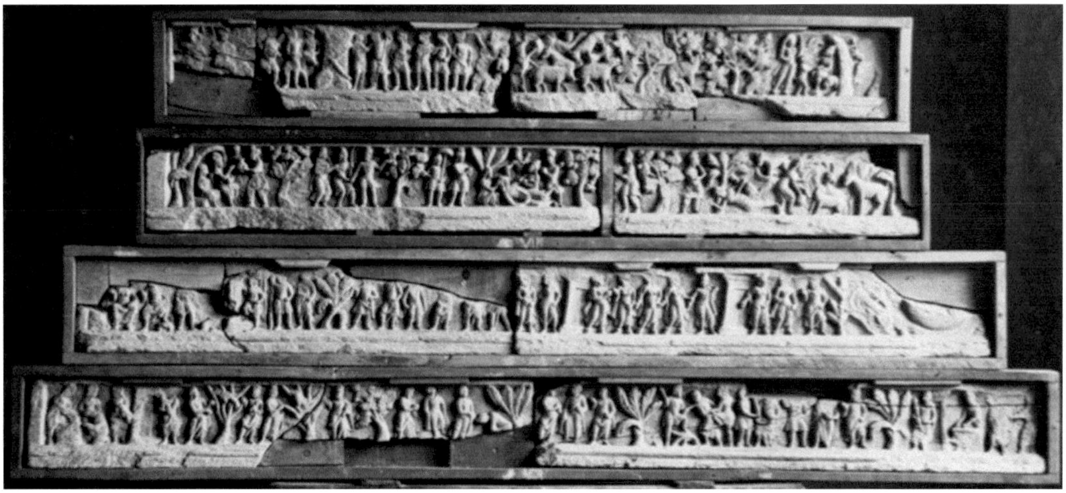

图57：来自贾马尔加希的犍陀罗台阶立面片岩浮雕像。注意形式、构图及人物与例如图56中罗马棺盖的相似性。

广泛出口到近东。正如我们所看到的，后者的厄洛特斯—花环雕带与同类犍陀罗浮雕明显相似。其他犍陀罗作品更类似罗马本土的石棺，特别是带神话场景的那些。石棺雕刻师本人可能（但无法证明）为犍陀罗美术家提供了某些灵感。罗马浮雕与犍陀罗浮雕间的构图相似当然非常显著。但重要的是记住，罗马大理石棺较罗马艺术的许多其他类型保存更为完好（现存据估计约12000-15000件[48]）。我们不必将其视为犍陀罗美术的直接范本，但或应视其为罗马艺术与艺术家更庞大、多样化谱系的代表——这些曾被犍陀罗工匠了解，无论直接或间接。[49]

亚洲语境下的犍陀罗美术

无论我们将犍陀罗美术的古典影响视为“希腊”现象、“罗马”现象，抑或二者兼具，本书调查的证据都表明了东西方间一种盛大的文化交换。但我们应谨慎使用过度简化的语言来形容这一点：这种比较充斥着过时的近代联想。我们倾向采用二元对立的视角来思考：希腊和佛教；东方和西方；古典和亚洲。近几十年来，学者们在认识到古典世界在犍陀罗美术史中的特殊重要性的同时，也强调了促成犍陀罗美术面貌的其他文化影响：巴克特里亚和帕提亚的各种风格；贵霜统治者的皇家形象；印度佛

[48] Koch (1993)，1。
[49] 就此论点注意Pearson (2010)；Stewart (2020)，71-2。

阿富汗东部贾拉拉巴德附近的哈达(Hadda)是大犍陀罗地区最杰出的遗址之一。该地知名的灰泥及粘土雕塑中，包含着一些公元2-5世纪遗存下来的最精良、最有趣的佛教主题作品。在此期间，犍陀罗石雕像的传统很大程度上被粘土与灰泥像的模塑取代——通常较为粗糙，但有时也工艺精湛、外观精美(图21、43)。鉴于哈达的声誉，现有将来源不明的灰泥及黏土作品归纳为产自此地的倾向，但这种溯源有时应被警惕看待。

哈达实际上是数个不同年代寺院遗址的集聚地。与其他地方一样，其造像用于装饰佛塔及佛龛。数千件造像曾在1920年代及1970年代的法国和阿富汗考古行动中出土，然而后来在泽马里亚拉伊·塔兹(Zemaryalai Tarzi)指导期间，阿富汗陷入战火，致使遗迹广遭破坏。哈达一些造像与希腊—罗马范式惊人地接近。这是希腊—罗马传统在犍陀罗地区相对较晚的繁荣，因为古典自然主义似乎在哈达的艺术家与赞助人中备受青睐，即便这在西方的罗马雕塑中已经日渐式微。

教美术；以及佛教之外宗教的图像，如琐罗亚斯德教和古代印度教。[50] 有关所有这些联系，还有很多有待了解。然而，这其中并没有哪个称得上“解释”了犍陀罗美术全部。犍陀罗并非等待被古代世界其他地方文化传统填充的空瓶，相反，这是为宗教信仰而进行的非凡艺术创新之地。犍陀罗强大的视觉创造力对亚洲更广泛的艺术传统产生了持久而深远的影响。

犍陀罗是古代佛教世界的核心地带之一。其特点在于佛教社群的集中、对宗教文献及思想的巨大贡献、本书所思考的艺术创造力，以及在古代佛教徒对其自身历史见解中存在的、近乎传奇的意义(福舍称该地为佛教“第二圣地”)。[51] 因此毫不奇怪，那些最初为犍陀罗的圣祠而发展的艺术思想，在整个前伊斯兰时代中亚及4-6世纪笈多朝印度以新形式反复再现。此外，现存最早形式

[50] Nehru (1989) 调查了主要的潜在促成性影响，关于世界性环境见Luczanits (2008a)，其他促因见Luczanits (2008b)。Falser (2015) 特别是第35-46页讨论了犍陀罗美术研究观在印巴分治后向多元化、“国际主义化”的转变，例如在毛里齐奥·塔代伊（Maurizio Taddei）的各项著作中。

[51] Foucher (1905-1951)，卷2，416-7。

的中国佛教美术的发展深受犍陀罗视觉传统的熏陶，而这些传统以某种形式在整个东亚佛教美术中延续了很长时间（图16、58）。[52] 这些视觉表现手法的古代使用者不太可能对其希腊—罗马西方艺术起源有任何概念——当代艺术史学家才有幸能发现这种跨时期、跨文化的全球联系。

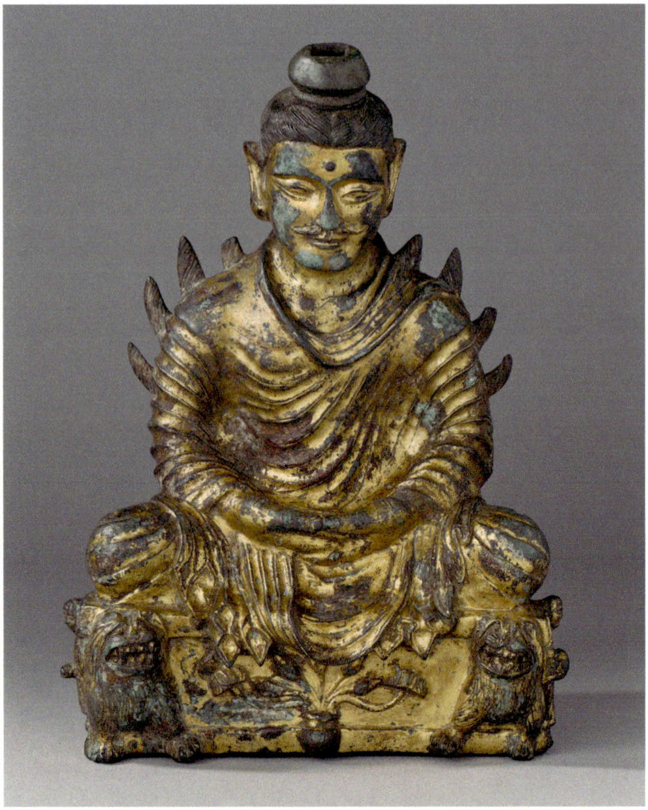

图58：小型铜鎏金坐佛像，约2、3世纪（?）。

[52] 有关犍陀罗佛教美术总体影响：Foucher（1905-1951），卷2，597-673；Behrendt（2022）。有关与中国最早佛教美术的联系：Rhie（1999-2010）。

第三章

犍陀罗美术在今天

犍陀罗美术的遗产

犍陀罗美术是古代一处狭小地带的产物，但它的特质有助于解释为何它在世界艺术史中名声大噪，以及为何时至今日，它仍然广受欢迎。在过去，对希腊传统传播亚洲的关注，很大程度上附着了欧洲中心主义和帝国主义色彩，反映了西方的全神贯注。然而今天，犍陀罗美术作为一种世界性传统，早已引发国际社会的兴趣。或许古代犍陀罗美术家的广阔文化视野，与我们对当代全球化的感知相契合。[1] 该地区也被视为所谓古代丝绸之路的一部分，后者在象征层面与中国面向中亚、东南亚的当代经济倡议息息相关：这里的丝绸之路有明显的政治意味。无论如何，对犍陀罗的兴趣确实是全球性的。2008–2010年，德国一场具有里程碑意义的巡回展览吸引了超过四万名观众，而犍陀罗也或多或少在东亚、东南亚诸多“丝绸之路”展览中亮相。犍陀罗美术还获得了新意义。例如，亚洲部分地区的诸多佛教徒对此重燃兴趣，而不断增长的、面向犍陀罗遗址的宗教旅游现象也得到巴基斯坦政府的战略性支持。[2]

德国那场展览以“犍陀罗：巴基斯坦的佛教遗产”（Gandhara: das buddhistische Erbe Pakistans）为题。在巴基斯坦国内及更广阔的南亚地区，这是一项备受争议的文化遗产。一方面，自1947年建国以来，巴基斯坦的前伊斯兰时期考古一直受到官方重视和推广（图59）。[3] 另一方面，保护并研究这项遗产的人们，有时不得不

[1] 对比Falser（2015），46–51。

[2] 例如见Zhang（2018），包括第136页有关中国“一带一路”（Belt and Road）倡议的参考文献；K. 阿里《犍陀罗文化局有望成立》，《黎明报》（Dawn）2020年7月16日（https://www.dawn.com/news/1764934，2023年9月7日最后查阅）；Bhatti（2022），166。在写作期间，巴基斯坦国民议会近来通过《2023年促进和保护犍陀罗文化管理局法案》来保护和宣传佛教遗址与旅游业（《黎明报》2023年8月2日，https://www.dawn.com/news/1767887）。

[3] Dar（2004），9。关于这种博物馆宣传的微妙之处见Amstutz（2019）；Amstutz（2022）；Bhatti（2022），特别是第163–6页。

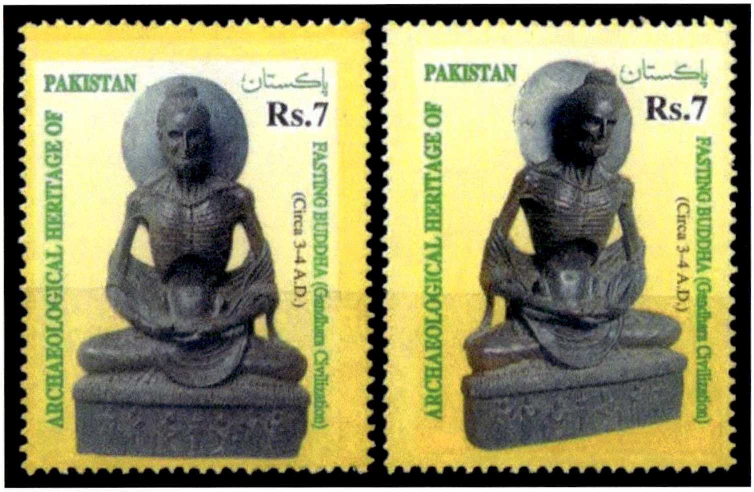

图59：巴基斯坦的考古遗产7卢比邮票，1999年巴基斯坦。

与对考古遗迹的漠不关心甚至敌对行为作斗争。[4] 一项更严峻的挑战，是打击非法交易文物和肆意破坏遗址所需的教育与参与任务。更不用说在2007年塔利班占领斯瓦特河谷期间（见图60），或者2001年阿富汗毁坏巴米扬大佛时发生的（少数）针对古代佛教美术的高调极端主义暴力事件了；这些事件反之促使人们将犍陀罗文明提升为和平与文化交流的象征。[5]

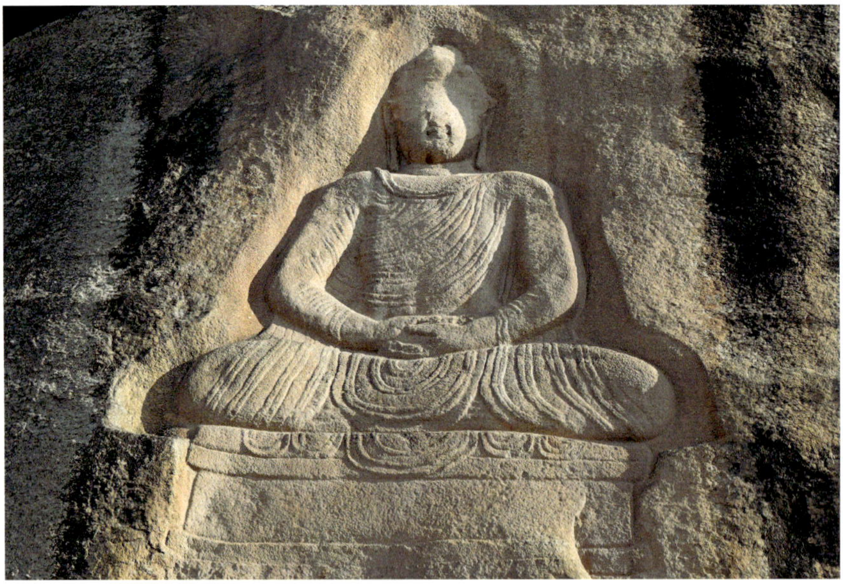

图60：6、7世纪的加哈纳巴德（Jahanabad）大佛，被塔利班以偶像为名义炸毁之后，2007年9月；在这幅图片中，面部的破损被加固以进行保护。

[4] Bhatti（2022），170。
[5] Falser（2015），46–51；Bhatti（2022），165。有关巴米扬：Morgan（2012）。

现代民族国家有将考古视为继承的权利与义务，这应该无须争辩。但“遗产”（heritage）一词能承载多层政治及意识形态内涵。它通常被认为意味着与过去文化的精神联系，因此，遗产的所有权不仅是法律问题，还与现代国家观念密切相关。1947年印巴分治导致古代佛教考古遗存被分别纳入两个现代国家。拉合尔博物馆杰出的犍陀罗美术收藏的确被两国瓜分，其中近半数造像被拨给印度，保存在昌迪加尔的新博物馆中。[6] 然而，文化遗产不仅存在于文物本身，也存在于人们心中，无法轻易分割——有时只能共同享有，或置于争议之下。伴随分治的发生，犍陀罗本土不再是现代印度领土，但作为古印度的一部分，它仍然与印度人民对其自身民族遗产与艺术史的认知有着深刻的现代相关性。犍陀罗美术在古印度与现代印度/巴基斯坦之间位置的变动，是摩擦产生的根源。

这一切都表明，古代艺术不仅是考古学家必须尝试解读的晦涩古老含义：它还被赋予现代意义，受制于持续的“重塑”（reinvention）和相互冲突的阐释。

收藏、伪造与来源

这本小书提出了一些有关犍陀罗美术特征及其亲缘关系的重大问题。得益于在考古发掘、调查以及对新发现的研究和编目中持续涌现的大量信息（不限于犍陀罗，还包括希腊—罗马故地及亚洲其他地区），我们如今比以往任何时候都更有能力回答这些问题。通过全局性及“抢救性”发掘、考古调查和保护工作，许多令人兴奋的研究正在巴基斯坦进行。[7] 但另一方面，鉴于各种证据的出土和散佚，大量信息已被不可挽回地遗忘。一些早期的发掘，即便以当时的标准来看，也不过是为获取艺术品而进行的探险。与世界其他地方一样，即使是更现代化的考古项目，有时也会因方

[6] Bhatti（2022），163。

[7] 例如关注在阿巴·萨希卜·齐纳（Abba Sahib Cheena）、巴胡·德里（Bahu Dheri）及巴玛拉（Bhamala）遗址进行的官方调查。有关最近作业的部分信息在开伯尔-普什图省考古与博物馆局网站公布（https://directorate_of_archaeology_museums.kp.gov.pk，2023年9月11日最后查阅）。意大利考古团（Italian Archaeological Mission）成果丰厚；有关其过去成果的综述见Callieri（2006）。有关1947-1997年外国及巴基斯坦本国项目的概况见Dar（2004）。

法论上的欠缺或出版物的不足而损失效力。这导致了线索的遗失，以及有关文物出土地点数据的缺漏。[8] 这些文物本身基本未被发表，因为记录博物馆收藏中的海量物品需要大量资源，尽管数字化项目正在帮助纠正这一问题。[9]

然而，迄今为止最大的信息丢失是由非官方、未经记录的文物发现造成的。犍陀罗造像自19世纪引发关注以来，就成为西方人大量渴求的纪念品。[10]除对特定遗址的系统性“掠夺”外，白沙瓦盆地沃土中的大量雕刻装饰也形成稳定的小古董供应源，其中一些或只是农田中的偶然发现，从个体卖家流入私人手中。白沙瓦的集市一直是重见天日的古物的来源。现代立法和保护巴基斯坦考古遗产的努力，并不能杜绝犍陀罗艺术品的非法销售与出口，这些行为早已猖獗数代：挑战的规模无比庞大。其结果是，当今许多犍陀罗造像都在私人收藏或国际古董市场上流通，收藏活动反过来又刺激了市场，尤其是在欧洲、美国和日本。此外，公共博物馆的许多藏品最终也源自这类私人收藏。例如，英国博物馆收藏的大量文物，都是由曾在西北边境服役的英国士兵和官员的家属捐赠的。

有关考古背景的知识，不总能为我们就犍陀罗美术的疑问提供简单答案。但不容置疑的是，我们对诸多犍陀罗文物来源一无所知的状态，使理解这种传统的尝试变得更加困难。[11] 一个附带问题与之密切相关。自从国际对犍陀罗美术浮现热情以来，收藏家产生的需求不仅助长了盗掘与走私活动，还包括伪造。即便博物馆的旧藏也遭到质疑，有人怀疑常规造假活动早在1930年代既已开始。[12] 但在过去50年间，犍陀罗造像赝品总量急剧增加。[13]

---

[8] 见Olivieri *et al.*（2022），67–8。

[9] 特别值得注意的是波鸿鲁尔大学的DiGA（犍陀罗文物数字化）项目，该项目持续记录来自查克达拉（Chakdara）与塞杜沙里夫周围的造像，为有关犍陀罗资料的数据库创建标准：https://diga.ceres.rub.de/en/

[10] 见例如Khan（2022）。

[11] 除在此重点讨论的造像外，请关注Chippindale and Gill（2000），489–90研究的银杯的例子。

[12] 2020年5月与Martina Stoye的私人谈话。

[13] 有关现代犍陀罗赝品的研究见Srikureja（2017）；Tanabe（1988）；Bhandare（2022）关于钱币。Gupta（2019）探讨了来自印度的走私古董与赝品，但非常相关。

人们对执法领域外的当代犍陀罗造假行业知之甚少，尽管有关伪造者行为的轶事在考古学家间流传，赝品本身也足以说明问题。出于显而易见的原因，目前还没有针对该地区造假者的学术研究。众所周知，古董市场上流通的某些“犍陀罗”艺术品是荒谬的现代仿品（但这不妨碍它们找到买家）。其中部分因对古代雕塑家技法的巨大误解而露出破绽。还有一些一眼就能看出是新近制作，或使用了犍陀罗地区无法获取的材料。某些情况下，它们直接复刻了已发表的文物（据说造假者作坊里堆满了犍陀罗雕刻的插图书籍和图录）。但就作品的真实性往往缺乏共识，专家也会不愿对文物进行“去伪存真”，因为这可能为所有相关人员带来严重的法律及财务后果。几乎没有科技手段来帮助验证真伪。这通常是个基于与确凿真迹进行比对的艺术史判断问题。对于那些看来“好得令人难以置信”或似乎是为挑逗藏家欲望而设计的犍陀罗造像，我们有理由保持警惕：罕见或独一无二的叙述；看上去非常古典的场景，例如“酒神”场景；或者色情图像。但即便是具有更常见题材的造像也可能存在问题。相反，真正的古代作品可能显得古怪、异乎寻常。对于那些没有冗长、可靠收藏史记录的藏品，应多加小心。[14] 但正如我们所见，即便是声誉更好的收藏也难免遭遇骗局。

赝品的盛行为知识领域带来巨大冲击。它们可能在整体上影响我们对犍陀罗美术特征的印象，更重要的是，个别赝品已进入学术讨论，尤其是它们成为重要博物馆收藏一部分的时候。[15] 进一步的难题是，来源不正当的古物走私与赝品走私密不可分。有时，当局会截获这两类货物，致使真迹与赝品一起保存或遣返，甚至进入巴基斯坦本国的官方收藏。[16]

[14] 联合国1970年11月的《关于禁止和防止非法进出口文化财产和非法转让其所有权的方法的公约》经常被视为判断古物来源的重大分界点，因为这使国际社会对古董走私、非法盗掘问题的认识正式成形，并为未来行为设定期望。但这并不意味着1970年前流通的古物“绝对清白”。该公约如今逐渐获得143个国家签署：https://en.unesco.org/about-us/legal-affairs/convention-means-prohibiting-and-preventing-illicit-import-export-and（2023年9月12日最后查阅）。

[15] 见例如Chippendale and Gill（2000），494–6。

[16] 见例如Khan and Saeed（2022）。

古董商很少像他们应该做的那样，勤于质疑犍陀罗制品的可靠性与来源。真实性与合法性有时被自然默认：在证实“有罪”前维持清白。还有一种使文物出口合理化的倾向，即设想这些古物并非来自巴基斯坦，而是饱经战争蹂躏的阿富汗，并且从某种意义上说，它们已被外国藏家“拯救”。[17] 除却批判性视角与生发自审慎、严格考古研究的对知识的敬重外，这里描述的问题并无简单解决方案。

[17] Chippindale and Gill (2000)，468。

延伸阅读与资源

入门阅读

只有少数可靠的非专业性书籍涉及犍陀罗美术这一课题总体。其中Behrendt（2007）尤其清晰易懂，并且可以在线获取。Giuliano（2010）是罗马国家东方艺术博物馆（Museo Nazionale d'Arte Orientale）的图册，包含为意大利语读者概述的该课题导言（第15–48页）。同样，Zwalf（1996）是关于大英博物馆庞大犍陀罗收藏的学术性图册，但其导言章节（第11–76页）提供了就整个课题精彩、简练而权威的概述。Luczanits（2008b）是一部里程碑式的图册，包含数篇用德语写作的有趣短文，广泛涵盖相关议题。少数英文版以《犍陀罗：巴基斯坦的佛教遗产》（Gandhara: The Buddhist Heritage of Pakistan）为题印刷，但相当罕见。不要将这部图册与该展览美国版的短图录Prosser（2011）相混淆，尽管后者也很有价值。Bussagli（1965）是一部相当重要、复杂、引人深思的入门书，以意大利语写作，后来有法语译本。Sun and He（2018）与Miyaji（2006）可能会对汉语读者有所帮助。

Lo Muzio（2017）是对前伊斯兰时代中亚考古的杰出批判性介绍，尽管不特别与犍陀罗相关。Harmatta（1994）尽管在今天看来有些过时，但也提供了关于中亚相关时期历史与考古的实用综述，可以在线获取。Behrendt（2004）关注犍陀罗建筑及其断代，但对犍陀罗美术的寺院背景进行了非常有帮助的综合叙述。

综合性著作与参考书目

Zwalf（1996）再次展现了作为参考书的价值，大大超越其作为大英博物馆图录的本来目的。Tissot（2002）提供了对犍陀罗美术的精彩概述，并利用线描图呈现其图像学集锦。同样，Faccenna and Filigenzi（2007）呈现了犍陀罗图像与建筑的庞大集合，并配有描述它们的标准化术语。Kurita（2003）是一部相当实用的犍陀罗图像汇编，尤其收录有大量佛陀生平场景。但此书结合了博物馆收藏与私人手中或古董市场上的文物，这可能带来潜在问题。Ingholt（1957）是一部年代较早、以巴基斯坦博物馆藏品为基础的精美图集。关于以诸神、神话人物为顺序编排的大量希腊—罗马图像实例，请参阅1981–2009年出版的多卷本视觉百科全书《古典神话图像词典》（Lexicon Iconographicum Mythologiae Classicae，简称LIMC）。关于印巴分治后犍陀罗美术研究的参考书目，除下文提到的在线资源外，请参见Dar（2004），第24–34页。

数据库及网站

本书源自牛津大学的犍陀罗连接项目，该项目创建了有关这一课题学习资源的线上中心：https://www.carc.ox.ac.uk/GandharaConnections。网站下设链接导向在线研讨会论文集、许多讲座及谈话的视频，以及涉及各种话题的介绍性短文。犍陀罗美术书目（Gandharan Art Bibliography，简称GAB）也在此创建，包含按主题排序、开放下载的参考文献条目：www.carc.ox.ac.uk/GandharaConnections/bibliography。在牛津参考书目数据库也能线上获取一篇带注释的实用阅读清单（见A. Amato撰 “犍陀罗美术”条）：https://doi.org/10.1093/OBO/9780195393521-0256。

波鸿的DiGA项目（https://diga.ceres.rub.de/en/）及悉尼的图像犍陀罗（Image Gandhāra）项目（https://gandhari-texts.sydney.edu.au/collections/gandhari-inscribed-buddhas）必将成为在线获取犍陀罗资料的重要站点。一些精美资源已经发布在数字犍陀罗（Digita Gandhara）网站（https://digitalgandhara.com）。Stefan Baums和Andrew Glass创建的网站（https://gandhari.org/）是研究犍陀罗语文本和语言的重要资源，包括石刻铭文。

开放获取出版物

有关犍陀罗美术与考古的学术研究越来越多地在线上出版，供免费获取。犍陀罗连接项目已经产出一系列开放获取书目，包括基于其国际研讨会的论文集：Rienjang and Stewart（2018）；Rienjang and Stewart（2019）；Rienjang and Stewart（2020）；Rienjang and Stewart（2022）；Rienjang and Stewart（2023）。这些编辑论文集提供了当前学术界在一系列话题上的代表性观点。

应当指出的是，许多较早的犍陀罗出版物现可免费在线获取，包括通过谷歌图书（Google Books：https://books.google.com）、互联网档案馆（Internet Archive：https://archive.org/）、包含众多珍本书的东洋文库数字档案馆（Toyo Bunko Digital Archive：http://dsr.nii.ac.jp/toyobunko/index.html.ja），以及印度考古调查局网站（https://indianculture.gov.in/rarebooks）。很多其他出版物也被作者非正式地在线发布在www.academia.edu或www.researchgate.net网站上，因此在互联网上检索各种题目总是值得一试。对于JStor（www.jstor.org）的个人或机构订阅者，大量学术期刊上的许多其他出版物均可在线获取。

图册

博物馆的犍陀罗收藏在线展示并不完整，也相当不稳定，尽管越来越多（尤其是美国）的博物馆提供了卓越的线上数据库和开放获取的高质量图像（大都会艺术博物馆［Metropolitan Museum of Art］值得注意：www.metmuseum.org）。谷歌艺术与文化（Google Arts & Culture）涵盖了一些带有高质量图像的巴基斯坦与印度收藏，包括拉合尔博物馆（https://artsandculture.google.com/partner/lahore-museum）与加尔各答印度博物馆（https://artsandculture.google.com/partner/indian-museum-kolkata）。部分最为庞大的国际性犍陀罗美术收藏与已出版图册一起列举如下（博物馆网站有时提供进一步展示）：伦敦大英博物馆（Zwalf[1996]）；昌迪加尔政府博物馆暨美术馆（Paul[2002]）；加尔各答印度博物馆（Das and Sengupta[1991]）；拉合尔博物馆（Alam[1998]）；纽约大都会艺术博物馆（Behrendt [2007]）；巴黎吉美博物馆（Musée Guimet；Hackin[1923]）；罗马“朱塞佩·图奇”(Giuseppe Tucci)国家东方艺术博物馆（Giuliano[2010]；柏林东亚艺术博物馆（Yaldiz[2000]）；阿富汗国家博物馆（Tissot[2006]），喀布尔；巴基斯坦国家博物馆，卡拉奇（Gandhara Sculpture[1964]）；白沙瓦博物馆（Ali and Zahir[2005]）；多伦多皇家安大略博物馆（Royal Ontario Museum；Jongeward[2003]）；塔克西拉博物馆（Khan[2005]）；东京国家博物馆（Tokyo National Museum）；伦敦维多利亚与艾尔伯特博物馆（Victoria and Albert Museum；Ackermann[1975]）。

参考文献

DOI（Digital Object Identifier，数字对象标识符）编码已为主要在线上出版的条目提供。然而，应当指出的是，许多其他出版物也能够在线上获取，例如通过JStor，或通过www.academia.edu等网站上的作者个人主页。

Abe, S. (1995), 'Inside the Wonder House: Buddhist Art and the West', in D. Lopez (ed.), *Curators of the Buddha* (Chicago and London: University of Chicago Press), 63-106.

Ackermann, H.C. (1975), *Narrative Stone Reliefs from Gandhara in the Victoria and Albert Museum in London: Catalogue and Attempt at a Stylistic History* (Rome: IsMEO, Rome).

Ahuja, N.P. (2006), 'The British Museum Hārītī: Toward Understanding Transculturalism in Gandhara', in S. Alcock, J. Frakes, and M. Egri (eds.), *Beyond Boundaries: Connecting Visual Cultures in the Provinces of Ancient Rome* (Los Angeles: J. Paul Getty Museum), 247-63.

Alam, H. (1998), *Gandhara Sculptures in Lahore Museum*, 2nd edn. (Lahore: Lahore Museum).

Ali, I. and Qazi, M.N. (2008), *Gandharan Sculptures in the Peshawar Museum (Life Story of Buddha)* (Mansehra: Hazara University).

Ali, I. and Zahir, M. (2005), *Guide to Peshawar Museum, Peshawar* (Peshawar: Directorate of Archaeology and Museums, Government of Khyber Pakhtunkhwa).

Allon, M. and Salomon, R. (2010), 'New Evidence for Mahayana in Early Gandhāra', *The Eastern Buddhist* n.s. 41/1: 1-22.

Amstutz, A. (2019), 'A Pakistani Homeland for Buddhism: Displaying a National History for Pakistan beyond Islam, 1950-1969', *South Asia: Journal of South Asian Studies* 42: 237-55 [DOI: https://doi.org/10.1080/00856401.2019.1580814].

Amstutz, A. (2022), 'From Colonial Greece to Postcolonial Rome? Re-orienting Ancient Pakistan in Museum Guides in the 1950s and 1960s', in Rienjang and Stewart (2022), 136-51 [DOI: https://doi.org/10.32028/9781803272337-7].

Asher, F.M. (2006), 'Early India Art Reconsidered', in P. Olivelle (ed.), *Between the Empires: Society in India 300 BCE to 400 CE* (Oxford: Oxford University Press), 51-64.

Bakker, H.T. (2007), 'Monuments to the Dead in Ancient North India', *Indo-Iranian Journal* 50: 11-47.

Ball, W. (2000), *Rome in the East: The Transformation of an Empire* (London: Routledge).

Ball, W. (2020), 'Gandhāra Perceptions: The Orbit of Gandhāran Studies', in Rienjang and Stewart (2020), 1-25.

Bautze-Picron, C. (2010), 'The Lady under the Tree – A Visual Pattern from Māyā to the Tārā and Avalokiteśvara', in C. Cueppers *et al.* (eds.),

The Birth of the Buddha: Proceedings of the Seminar held in Lumbini, Nepal, October 2004 (Lumbini: Lumbini Research Institute), 193-237.

Bechert, H., ed. (1991-7), *The Dating of the Historical Buddha (Die Datierung des historischen Buddhas)*, 3 vols. (Göttingen: Vandenhoeck and Ruprecht).

Bechert, H. and Gombrich, R., eds. (1984), *The World of Buddhism: Buddhist Monks and Nuns in Society and Culture* (London: Thames and Hudson).

Behrendt, K.A. (2004), *The Buddhist Architecture of Gandhāra* (Leiden and Boston: Brill).

Behrendt, K.A. (2007), *The Art of Gandhara in the Metropolitan Museum of Art* (New York: Metropolitan Museum of Art).

Behrendt, K.A. (2010), 'Fasting Buddhas, Ascetic Forest Monks, and the Rise of the Esoteric Tradition', in M. Alram *et al.* (eds.), *Coins, Art and Chronology II: The First Millennium C.E. in the Indian-Iranian Borderlands* (Vienna: Austrian Academy of Sciences Press), 299-327.

Behrendt, K.A. (2022), 'Gandhāran Imagery as Remembered by Buddhist Communities across Asia', in Rienjang and Stewart (2022), 107-23 [DOI: https://doi.org/10.32028/9781803272337-5].

Bernard, P., ed. (1973), *Fouilles d'Aï Khanoum I (Campagnes 1965, 1966, 1967, 1968)* (Mémoires de la Délégation Archéologique Française en Afghanistan, 21) (Paris: Klincksieck).

Bhandare, S. (2022), 'The Art of Deception: Perspectives on the Problem of Fakery in Gandhāran Numismatics', in Rienjang and Stewart (2022), 172-88 [DOI: 10.32028/9781803272337-9].

Bhatti, S. (2022), 'Stories of Gandhāra: Antiquity, Art and Idol', in Rienjang and Stewart (2022), 152-71 [DOI: https://doi.org/10.32028/9781803272337-8].

Boardman, J. (1994), *The Diffusion of Classical Art in Antiquity* (London: Thames and Hudson).

Boardman, J. (1996), *Greek Art*, 4th edn. (London: Thames and Hudson).

Bopearachachi, O. (1991), *Monnaies gréco-bactriennes et indo-grecques: catalogue raisonné* (Paris: Bibliothèque nationale).

Bracey, R. (2020), 'The Gandharan Problem', in J. Elsner (ed.), *Empires of Faith: Histories of Art and Religion from India to Ireland* (Cambridge: Cambridge University Press), 27-50.

Bracey, R., Cribb, J. and Morris, L. (eds.) (forthcoming), *The Kushan World* (London: Routledge).

Brancaccio, P. (2017), 'The Collection of Gandharan Art in the Residence of the Malakand Political Agent, Khyber Pakhtunkhwa Province, Pakistan', in H.P. Ray (ed.), *Buddhism and Gandhara: Archaeology of Museum Collections* (New Delhi: Routledge), 154-172.

Brancaccio, P. and Behrendt, K., eds. (2006), *Gandharan Buddhism: Archaeology, Art, Texts* (Vancouver: UBC Press).

Brendel, O. (1979), *Prolegomena to the Study of Roman Art* (expanded from Prolegomena to a Book on Roman Art. *Memoirs of the American Academy in Rome* 21 [1953]: 9-73) (New Haven and London: Yale University Press).

Brown, R.L. (1997), 'The Emaciated Gandharan Buddha Images: Asceticism, Health, and the Body', in N. Eilenberg *et al.* (eds.), *Living a Life in Accord with Dhamma: Papers in Honor of Professor Jean Boisselier on his Eightieth Birthday* (Bangkok: Silpakorn University), 105-15.

Brown, R.L. (2006), 'The Nature and Use of the Bodily Relics of the Buddha in Gandhara', in Brancaccio and Behrendt (2006), 183-209.

Bruno, J. (2021), 'Parthia', in Mairs (2021), 56-77.

Buchthal, H. (1943), 'The Common Classical Sources of Buddhist and Christian Narrative Art', *Journal of the Royal Asiatic Society* (1943): 137-48.

Buchthal, H. (1945), *The Western Aspects of Gandhara Sculpture* (Henriette Hertz Trust Annual Lecture on Aspects of Art) (London: British Academy).

Bussagli, M. (1965), *Arte del Gandāra* (Florence: Sadea/Sansoni); translated as *L'Art du Gandhāra* (Paris: Livre de Poche, 1993).

Callieri, P. (1997), *Seals and Sealings from the North-West of the Indian Subcontinent and Afghanistan (4th century B.C. - 11th century A.D.): Local, Indian, Sasanian, Graeco-Persian, Sogdian, Roman* (Naples: IsIAO).

Callieri, P. *et al.* (eds.) (2006), *Valli della memoria: antiche genti, luoghi e immagini dello Swat. 50 anni della Missione Archeologica Italiana dell'ISIAO in Pakistan / Valleys of memory: ancient people, sites and images from Swat. 50 years of the ISIAO Italian Archaeological Mission in Pakistan* (Rome: IsIAO).

Chippindale, C. and Gill, D.W.J. (2000), 'Material Consequences of Contemporary Classical Collecting', *American Journal of Archaeology* 104/3: 463-511.

Coningham, R. (2011), 'Buddhism', in T. Insoll (ed.), *The Oxford Handbook of the Archaeology of Ritual and Religion* (Oxford: Oxford University Press), 934-47.

Cribb, J. (1984), 'The Origin of the Buddha Image – The Numismatic Evidence', *South Asian Archaeology, 1981: Proceedings of the Sixth International Conference of the Association of South Asian Archaeologists in Western Europe, held in Cambridge University, 5-10 July 1981* (Cambridge: Cambridge University Press), 231-44.

Cribb, J. (2010), 'Dating the Bimaran Casket - Its Conflicted Role in the Chronology of Gandharan Art', *Gandhāran Studies* 10: 57-91.

Cribb, J. (2018), 'Numismatic Evidence and the Date of Kaniṣka', in Rienjang and Stewart (2018), 7-34 [DOI: https://doi.org/10.32-28/9781784918552P7-34].

Cunningham, A. (1879), *The Stûpa of Bharhut: A Buddhist Monument Ornamented with Numerous Sculptures Illustrative of Buddhist Legend and History in the Third Century B.C.* (London: W.H. Allen).

Dani, A.H. (1965-6), 'Shaikhan Dheri Excavation 1963 and 1964 Seasons: In Search of the Second City of Pushkalavati', *Ancient Pakistan* 2: 17-214.

Dani, A.H. (1986), *The Historic City of Taxila* (Tokyo and Paris: Centre for East Asian Cultural Studies and UNESCO).

Dar, S.R. (2004), 'Fifty Years of Research in Gandhāra Art (1947-1997)', in Sharma and Ghosal (2004), 9-34.

Das, A. (2004), 'Dīpaṅkara Jātaka in Gandhāra Art', in Sharma and Ghosal (2004), 108-16.

Das, D. and Sengupta, A. (1991), *Gandhara Holdings in the Indian Museum: A Handlist* (Calcutta: Indian Museum).

DeCaroli, R.D. (2015), *Image Problems: The Origin and Development of the Buddha's Image in Early South Asia* (Seattle and London: University of Washington Press).

Dehejia, V. (1990), 'On Modes of Visual Narration in Early Buddhist Art', *The Art Bulletin* 72/3: 374-92.

Dehejia, V. (1997), *Discourse in Early Buddhist Art: Visual Narratives of India* (New Delhi: Munshiram Manoharlal).

De Marco, G. (1987), 'The Stūpa as a Funerary Monument: New Iconographical Evidence', *East and West* 37/1: 191-246.

Endreffy, K. (2020), 'Stone Paterae with Decoration in Relief from Graeco-Roman Egypt: An Iconographical Approach', in L. Bricault and R. Veymiers (eds.), *Bibliotheca Isiaca IV* (Bordeaux: Ausonius Éditions), 227-306.

Erdosy G. (1990), 'Taxila: Political History and Urban Structure', in M. Taddei and P. Callieri (eds.), *South Asian Archaeology 1987: Proceedings of the Ninth International Conference of the Association of the South Asian Archaeologists in Western Europe* (Rome: Istituto Italiano per il Medio ed Estremo Oriente), 657-74.

Errington, E. (1987), 'The Western Discovery of the Art of Gandhāra and the Finds of Jamālgarhī', unpublished PhD thesis (School of Oriental and African Studies, London) [https://ethos.bl.uk/OrderDetails.do?uin=uk.bl.ethos.262251].

Errington, E. (1997), 'The 1878 Florence Exhibition of Gandhāran Sculpture', in M. Taddei (ed.), *Angelo de Gubernatis: Europa e Oriente nell'Italia umbertina*, vol.2 (Naples: Istituto Universario Orientale), 139-214.

Errington, E. (1998), 'Gandhara Stupa Deposits', *Arts of Asia* 28/2: 80-7.

Errington, E. (2017a), *Charles Masson and the Buddhist Sites of Afghanistan: Explorations, Excavations, Collections* (London: British Museum Press).

Errington, E. (2017b), *The Charles Masson Archive: British Library, British Museum and Other Documents Relating to the 1832-1838 Masson Collection from Afghanistan* (London: British Museum Press) [10.48582/charlesmasson_vol2].

Errington, E. (2021), *Charles Masson: Collections from Begram and Kabul Bazaar, Afghanistan, 1833-1838* (London: British Museum Press) [DOI: https://doi.org/10.48582/charlesmasson_vol3].

Errington, E. (2022), 'Reconstructing Jamālgarhī and Appendix B: The Archaeological Record 1848-1923, in Rienjang and Stewart (2022), 1-42.

Errington, E. and Cribb, J. (1992), *The Crossroads of Asia: Transformation in Image and Symbol in the Art of Ancient Afghanistan and Pakistan* (Cambridge: Ancient India and Iran Trust).

Erskine, A., ed. (2003), *A Companion to the Hellenistic World* (Oxford: Blackwell).

Fabrègues, C. (1991), 'The Jewellery of the Gandhara Sculpture in Schist and its Chronological Significance', unpublished PhD thesis (School of Oriental and African Studies, London) [https://ethos.bl.uk/OrderDetails.do?uin=uk.bl.ethos.262360].

Faccenna, D. (2001), *Il fregio figurato dello Stūpa Principale nell'area sacra buddhista di Saidu Sharif I (Swat, Pakistan)*. (IsIAO Reports and Memoirs 28) (Rome: Istituto Poligrafico dello Stato).

Faccenna, D. and Taddei, M. (1962-4), *Sculptures from the Sacred Area of Butkara I (Swat, Pakistan)* (Rome: Istituto Poligrafico dello Stato).

Faccenna, D. and Filigenza, A. (2007), *Repertorio terminologico per la schedatura delle sculture dell'arte gandharica: sulla base dei materiali provenienti dagli scavi della Missione archeologica italiana dell'IsIAO nello Swat, Pakistan* = Repertory of terms for cataloguing Gandharan sculptures: based on materials from the IsIAO Italian Archaeological Mission in Swat, Pakistan (Rome: IsIAO).

Falk, H. (2010), 'Libation trays from Gandhara', *Bulletin of the Asia Institute*, new series 24: 89-113.

Falser M. (2015), 'The *Graeco-Buddhist Style of Gandhara* – a "Storia Ideologica", or: How a Discourse Makes a Global History of Art', *Journal of Art Historiography* 13: 1-52.

Filigenzi A. (2012), 'Orientalised Hellenism versus Hellenised Orient: Reversing the Perspective on Gandharan Art', *Ancient Civilizations from Scythia to Siberia* 18: 111-41.

Flood, F.B. (1989), 'Herakles and the "Perpetual Acolyte" of the Buddha: Some Observations on the Iconography of Vajrapani in Gandharan art', *South Asian Studies* 5: 1-27.

Foucher, A. (1905-1951), *L'art gréco-bouddhique du Gandhâra* (Paris: Publications de L'École française d'Extrême-Orient).

Foucher, A. (1913), *L'origine grecque de l'image du Bouddha* (Chalon-sur-Saone: Imprimerie Française et Orientale E. Bertrand).

Foucher, A. (1917), *The Beginnings of Buddhist Art and Other Essays in Indian and Central Asian Archaeology* (H. Milford: London).

Foucher A. (1950), 'Le cheval de Troie au Gandhâra', *Comptes rendus des séances de l'Académie des Inscriptions et Belles-Lettres* 94: 407-12.

Francfort, H.-P. (1979), *Les palettes du Gandhara* (Mémoires de la Délégation archéologique française en Afghanistan) (Paris: Diffusion de Boccard).

Fussman, G. (1986), 'Symbolisms of the Buddhist *Stūpa*', *Journal of the International Association of Buddhist Studies* 9/2: 37-53.

Galinsky, K. (2020), 'Herakles *Vajrapani*, the Companion of the Buddha', in A. Allan *et al.* (eds.), *Herakles inside and outside the Church* (Leiden and Boston: Brill), 315-32.

Gandhara Sculpture (1964), *Gandhara Sculpture in the National Museum of Pakistan: A Catalogue and Guide to the Sculptures in the Gandhara Gallery* (Karachi, Department of Archaeology and Museums, Ministry of Education, Government of Pakistan).

Giuliano, L., ed. (2010), *Arte del Gandhara* (Rome: Artemide).

Graf, D. (2017), 'The Silk Road between Syria and China', in A. Wilson and A. Bowman (eds.), *Trade, Commerce, and the State in the Roman World* (Oxford: Oxford University Press), 1-118.

Grenet, F. (2015), 'Zoroastrianism among the Kushans', in H. Falk (ed.), *Kushan Histories: Literary Sources and Selected Papers from a Symposium at Berlin, December 5 to 7, 2013* (Bremen: Hempen Verlag), 203-39.

Gupta, V.K. (2019), 'Retrieval of Indian Antiquities: Issues and Challenges', *Art Antiquity and Law* 24/2: 101-24.

Hackin, J. (1923), *Guide-Catalogue du Musée Guimet: les collections bouddhiques (exposé historique et iconographique). Inde Centrale et Gandhâra, Turkestan, Chine Septentrionale, Tibet* (Paris and Bruxelles: Van Oest).

Hameed, M. (2017), 'Consular Diptychs and Buddhist Diptychs: Another Way of Exploring Western Elements in Gandhara Art', *Ancient Pakistan* 28: 69-84.

Hameed, M. and Bukhari, R.A. (2021), 'Iconography of Pensive Buddhisattva and Great Renunciation: Examples from Miniture [sic] Portable Shrines from Gandhara', *Pakistan* Vision 22/1: 60-81.

Harmatta, J, ed. (1994), *History of Civilizations of Central Asia*, vol. 2, *The Development of Sedentary and Nomadic Civilizations: 700 B.C. to A.D. 250* (Paris: UNESCO) [https://unesdoc.unesco.org/ark:/48223/pf0000105703].

Hiebert, F. and Cambon, P. (2011), *Afghanistan: Crossroads of the Ancient World* (London: British Museum Press); reprinted from *Afghanistan: Hidden Treasures from the National Museum, Kabul* (Washington, DC: National Geographic Society, 2008).

Hölscher, T. (2004), *The Language of Images in Roman Art* (Cambridge: Cambridge University Press, 2004) = translation of *Römische Bildsprache als semantisches System* (Heidelberg: Carl Winter, 1987).

Homrighausen, J. (2015), 'When Herakles Followed the Buddha: Power, Protection, and Patronage in Gandharan Art', *The Silk Road* 13: 26-35.

Huntington, J. (1985), 'The Origin of the Buddha Image: Early Image Traditions and the Concept of Buddhadarśanapunyā', in A.K. Narain (ed.), *Studies in Buddhist Art of South Asia* (New Delhi: Kanak).

Huntington, S.L. (1990), 'Early Buddhist Art and the Theory of Aniconism', *Art Journal* 49: 401-8.

Inayat, F. and Rafique, S. (2017), 'Textiles of Ancient Gandharan Civilization with Special Reference to Bed Linens', *PUTAJ – Humanities and Social Sciences* 24/2: 109-27 [http://journals.uop.edu.pk/papers/09Faiza.pdf].

Ingholt H. (1957), *Gandhāran Art in Pakistan*. New York: Pantheon Books.

Jongeward, D. (2003), *Buddhist art of Pakistan and Afghanistan: The Royal Ontario Museum Collection of Gandhara Sculpture* (Toronto: University of Toronto, Centre for South Asian Studies).

Jongeward, D. *et al.* (2012), *Gandharan Buddhist Reliquaries* (Seattle, WA: University of Washington Press).

Khan, M.A. *et al.* (2005), *A Catalogue of the Gandhara Stone Sculptures in the Taxila Museum* (Peshawar: Department of Archaeology and Museums, Government of Pakistan).

Khan, M.A. and Saeed, T. (2022), 'A Unique Collection of Confiscated Material of Gandhāra (Pakistan)', in Rienjang and Stewart (2022), 83-103 [DOI: https://doi.org/10.32028/9781803272337-4].

Khan, R. (2020), 'In the Shadows of Swords: The Antecedents of the Archaeological Research in Malakand-Swat, 1895-1899', *Annali, sezione Orientale* 80: 136-59.

Khan, R. (2023), 'The Grey Zones of Antiquarian Pursuits: The 1938 Barger Expedition to the Princely State of Swat', *Modern Asian Studies* 57: 866-94.

Khan, Z. *et al.* (2022), 'Gandhāran Stucco Sculptures from Sultan Khel (former Khyber Agency) in the Collection of Peshawar Museum: A Study in Three Parts', in Rienjang and Stewart (2022), 43-82 [DOI: https://doi.org/10.32028/9781803272337-3].

Khan Khattak, M.H. (2019), 'Fresh Research on the Buddhist Monastic Complex of Takht-i-Bāhī', in Rienjang and Stewart (2019), 81-106.

Kipling, R. (1901), *Kim* (London: Macmillan).

Koch G. (1993), *Sarkophage der römischen Kaiserzeit* (Darmstadt: Wissenschaftliche Buchgesellschaft).

Koizumi, Y. (2000), 'Seihoku Indo no keitai-yō gan-zō 西北インドの携帯用龕像' [Study on the portable shrines in northwest India],

Proceedings of the Tokyo National Museum 東京国立博物館紀要 35: 87-158.

Kubica, O. (2021), 'Reading the *Milindapañha*: Indian Historical Sources and the Greeks in Bactria', in Mairs (2021), 430-45.

Kumar, A. (2014), 'Bharhut Sculptures and their Untenable Sunga Association', *Heritage: Journal of Multidisciplinary Studies in Archaeology* 2: 223-41.

Kurita, I. (2003), *Gandāran Art* (bilingual edition) (Tokyo: Nigensha).

Le, H.P. (2010), *Buddhist Architecture* (Lakeville, MN: Grafikol).

Lecuyot, G. (2020), 'Ai Khanoum, between East and West', in Mairs (2021), 539-552.

Linrothe, R. (1993), 'Inquiries into the Origin of the Buddha Image: A Review', *East and West* 43/1: 241-56.

Litvinsky, B.A., ed. (1996), *History of Civilizations of Central Asia*, vol. 3, *The Crossroads of Civilizations: A.D. 250 to 750* (Paris: UNESCO).

Lluveras-Tenorio, A. *et al.* (2022), 'An Insight into Gandharan Art: Materials and Techniques of Polychrome Decoration', *Heritage* 5/1: 488-508 [DOI: https://doi.org/10.3390/heritage5010028].

Lo Muzio, C. (2011), 'Gandharan Toilet Trays: Some Reflections on Chronology', *Ancient Civilizations from Scythia to Siberia* 11: 331-40.

Lo Muzio, C. (2012a), 'The Legacy of Gandhāra in Central Asian Painting', in J.A.B. Hegewald (ed.), *In the Shadow of the Golden Age: Art and Identity in Asia from Gandhara to the Modern Age* (Berlin: EBV), 115-36.

Lo Muzio, C. (2012b), 'Notes on Gandharan Painting', in T. Lorenzetti and F. Scialpi (eds.), *Glimpses of Indian History and Art: Reflections on the Past, Perspectives for the Future. Proceedings of the International Congress Rome 18-19 April 2011* (Rome: Sapienza Università Editrice), 319-35.

Lo Muzio, C. (2017), *Archeologia dell'Asia centrale preislamicaL dall'età del Bronzo al IX secolo d.C.* (Milan: Mondadori).

Lo Muzio, C. (2018), 'On the Relationship between Gandhāran Toilet-Trays and the Early Buddhist Art of Northern India', in Rienjang and Stewart (2018), 123-34.

Luczanits, C. (2008a), 'Buddhism in a Cosmopolitan Environment: The Art of Gandhara', *Orientations* 39/7: 44-52.

Luczanits, C., ed. (2008b), *Gandhara: das buddistische Erbe Pakistans. Legenden, Klöster und Paradiese* (Mainz: Zabern).

McLaughlin, R. (2014), *The Roman Empire and the Indian Ocean: The Ancient World Economy and the Kingdoms of Africa, Arabia and India* (Barnsley: Pen and Sword).

McLaughlin, R. (2016), *The Roman Empire and the Silk Routes: The Ancient World Economy and the Empires of Parthia, Central Asia and Han China* (Barnsley: Pen and Sword).

Mairs, R. (2011), *The Archaeology of the Hellenistic Far East: A Survey* (Oxford: Archaeopress); supplementary updates maintained at <https://hellenisticfareast.wordpress.com>.

Mairs, R. (2012), 'Glassware from Roman Egypt at Begram (Afghanistan) and the Red Sea Trade', *British Museum Studies in Ancient Egypt and Sudan* 18: 61-74.

Mairs, R. (2013), 'The "Temple with Indented Niches" at Ai Khanoum: Ethnic and Civic Identity in Hellenistic Bactria', in R. Alston *et al.* (eds.), *Cults, Creeds and Identities in the Greek City after the Classical Age* (Leuven, Paris and Walpole, MA: Peeters), 85-115.

Mairs, R. (2014), *The Hellenistic Far East: Archaeology, Language and Identity in Greek Central Asia* (Berkeley: University of California Press).

Mairs, R., ed. (2021), *The Graeco-Bactrian and Indo-Greek World* (London and New York: Routledge).

Malandra, G.H. (1981), 'Māra's Army: Text and Image in Early Indian Art', *East and West* 31/1-4: 121-30.

Marshak, B. and Grenet, F. (2008) 'Une peinture kouchane sur toile', *Comptes Rendus de l'Académie des Inscriptions et Belles-lettres* 2006 [2008]: 947-60 with response by P. Bernard, 960-3.

Marshall, J. (1918), *A Guide to Sanchi* (Calcutta: Superintendent Government Printing).

Marshall, J. (1945), Review of Buchthal (1945), *Journal of the Royal Asiatic Society* 78/1-2: 116-22.

Marshall, J. (1951), *Taxila: An Illustrated Account of Archaeological Excavations 1913-1934*, 3 vols. (Cambridge: Cambridge University Press).

Marshall, J. (1960), *The Buddhist Art of Gandhara. The Story of the Early School: Its Birth, Growth, and Decline* (Cambridge: Cambridge University Press for the Department of Archaeology in Pakistan).

Martinez-Sève, L. (2014), 'The Spatial Organization of Ai Khanoum, a Greek City in Afghanistan', *American Journal of Archaeology* 118/2: 267-83.

Miyaji, A. 宫治昭 (2006), Jiantuoluo meishu xunzong 犍陀罗美术寻踪 [Tracing the Art of Gandhara]. Translated by P. Li (Beijing: People's Fine Arts Publishing House).

Morgan, L. (2012), *The Buddhas of Bamiyan* (London: Profile Books).

Morgan, L. and Oliveri, L.M. (2022), *The View from Malakand: Harold Deane's 'Note on Udyana and Gandhara'* (Oxford: Archaeopress) [DOI https://doi.org/10.32028/9781803274737].

Morris, L. (2021), 'Roman Objects in the Begram Hoard and the Memory of Greek Rule in Kushan Central Asia', in Mairs (2021), 580-92.

Naiki S. (2019), 'Geographical Differences and Similarities in Gandhāran Sculptures', in Rienjang and Stewart (2019), 41-57 [DOI: 10.32028/9781789691863P41-57].

Neelis, J. (2019), 'Making Places for Buddhism in Gandhāra: Stories of Previous Births in Image and Text', in Rienjang and Stewart (2019), 175-85.

Nehru L. (1989), *Origins of the Gandhāran Style: A Study of Contributory Influences* (Delhi: Oxford University Press).

Olivieri, L.M. (2015), *Sir Aurel Stein and the 'Lord of the Marches': New Archival Material* (Lahore: Sang-e-Meel Publications).

Olivieri, L.M. (2019), 'The Early-Historic Funerary Monuments of Butkara IV: New Evidence on a Forgotten Excavation in Outer Gandhara', *Rivista degli Studi Orientali*, new series 92: 231-58.

Olivieri, L.M. (2021), 'Gandhāra and North-Western India', in Mairs (2021), 386-415.

Olivieri, L.M. (2022), *Stoneyards and Artists in Gandhara: The Buddhist Stupa of Saidu Sharif I, Swat (c. 50 CE)* (Venice: Ca' Foscari University Press).

Olivieri, L.M. (2023), 'Early Gandhāran Art: Artists and Working Processes at Saidu Sharif I', in Rienjang and Stewart (2023), 60-76.

Olivieri, L.M. *et al.* (2022), 'Barikot, Swat: Excavation Campaign 2021-2022, Preliminary Report. Trenches BKG 16, BKG 17, and BKG 18', *East and West*, new series 62/4: 67-194.

Olivieri, L.M. and Filigenzi, A. (2018), 'On Gandhāran Sculptural Production from Swat: Recent Archaeological and Chronological Data', in Rienjang and Stewart (2018), 71-92 [DOI: https://doi.org/10.32028/9781784918552].

Pannuzi, S. *et al.* (2019), 'Polychromy and Gilding in the Gandharan Sculptures from Pakistan and Afghanistan: Samplings from Museum Guimet in Paris, Civic Archaeological Museum of Milan and Museum of Oriental Art of Turin', *Restauro archeologico* 27/1: 40-81 [DOI: https://doi.org/10.13128/RA-25128].

Paul, S. (2002), *Gandhara Sculptures in Chandigarh Museum* (Chandigarh: Government Museum and Art Gallery).

Pearson S. (2010), 'Reworking Western Models: The Importance of Sculptural Technique in Gandharan Relief', unpublished MA Thesis, University of California, Berkeley.

Petrie, C. (2013), 'Charsadda', in D.K. Chakrabarti and M. Lal (eds.), *History of Ancient India*, vol. 3, *The Texts, Political History and Administration till c. 200 BC* (New Delhi: Vivekananda International Foundation and Aryan Books International), 512-22.

Pollitt, J.J. (1986), *Art in the Hellenistic Age* (Cambridge: Cambridge University Press).

Pons, J. (2019), 'Gandhāran Art(s): Methodologies and Preliminary Results of a Stylistic Analysis', in Rienjang and Stewart (2019), 3-40.

Prosser, A., ed. (2011), *The Buddhist Heritage of Pakistan: Art of Gandhara* (New York: Asia Society Museum).

Pugachenkova, G.A. (1971), *Skulptura Khalchayana* (Iskusstvo: Moscow).

Quintanilla, S.R. (2007), *History of Early Stone Sculpture at Mathura, ca. 150 BCE-100 CE* (Leiden: Brill).

Rahman, A. ur and Falk, H. (2011), *Seals, Sealings and Tokens from Gandhara* (Wiesbaden: Reichert).

Rapin, C. (1990), 'Greeks in Afghanistan: Aï Khanoum', in J.-P. Descoeudres (ed.), *Greek Colonists and Native Populations: Proceedings of the First Australian Congress of Classical Archaeology Held in Honour of Emeritus Professor A.D. Trendall, Sydney, 9-14 July 1985* (Oxford: Clarendon Press), 329-42.

Rapin, C. (1992), *Fouilles d'Aï Khanoum VIII. La Trésorerie du palais hellénistique d'Aï Khanoum: l'apogée et la chute du royaume grec de Bactriane* (Mémoires de la Délégation Archéologique Française en Afghanistan, 33) (Paris: Bocard).

Rhi, J. (2003), 'Early Mahāyāna and Gandhāran Buddhism: An Assessment of the Visual Evidence', *The Eastern Buddhist* 35/1-2: 152-202.

Rhi J. (2006), 'Bodhisattvas in Gandhāran Art: An Aspect of Mahāyāna in Gandhāran Buddhism', in Brancaccio and Behrendt (2006), 151-182.

Rhi, J. (2008a), 'Identifying Several Visual Types of Buddha Images from Gandhāra', *Archives of Asian Art* 58: 74-7.

Rhi, J. (2008b), 'Some Textual Parallels for Gandhāran Art: Fasting Buddhas, *Lalitavistara*, and *Karuṇāpuṇḍarīka*', *Journal of the International Association of Buddhist Studies* 29/1 (2006) [2008]: 125-53.

Rhi, J. (2010), 'Reading Coomaraswamy on the Origin of the Buddha Image', *Artibus Asiae* 70/1: 151-72.

Rhi, J. (2011), 'Wondrous Vision: The Mohammad Nari Stele from Gandhara', *Orientations* 42/2: 112-5.

Rhi, J. (2021), 'Yabana, pilgi, busda: jeongila misul-ui tansaeng 야바나, 간다리, 붓다: 간다라 불교미술의 탄생' / 'Yavanas, Gandhāris, and Buddhas: The Birth of Buddhist Art in Gandhāra' (bilingual chapter), in J. Rhi and M. Treister (eds.), *Silkeulodeu misul-yeongu hyeonhwang-gwa jeonmang* 실크로드 미술연구 현황과 전망/ *The Art of Silk Road -New Research Trends and Perspective* (Daejeon, National Research Institute of Cultural Heritage), 15-55.

Rhi, J. (2023), 'Does Iconography Really Matter? Iconographical Specification of Buddha Images in Pre-Esoteric Buddhist Art', in Rienjang and Stewart (2023), 12-41 [DOI: https://doi.org/10.32028/9781803274737-03].

Rhie, M.M. (1999-2010), *Early Buddhist Art of China and Central Asia,* 3 vols. (Leiden and Boston: Brill).

Rienjang, W. and Stewart, P., eds. (2018), *Problems of Chronology in Gandhāran Art: Proceedings of the First International Workshop of the*

Gandhāra Connections Project, University of Oxford, 23rd-24th March 2017 (Oxford: Archaeopress) [10.32028/9781784918552].
Rienjang, W. and Stewart, P., eds. (2019), *The Geography of Gandhāran Art: Proceedings of the Second International Workshop of the Gandhāra Connections Project, University of Oxford, 22nd-23rd March 2018* (Oxford: Archaeopress) [10.32028/9781789691863].
Rienjang, W. and Stewart, P., eds. (2020), *The Global Connections of Gandhāran Art: Proceedings of the Third International Workshop of the Gandhāra Connections Project, University of Oxford, 18th-19th March 2019* (Oxford: Archaeopress) [10.32028/9781789696950].
Rienjang, W. and Stewart, P., eds. (2022), *The Rediscovery and Reception of Gandhāran Art: Proceedings of the Fourth International Workshop of the Gandhāra Connections Project, University of Oxford, 24th-26th March, 2021* (Oxford: Archaeopress) [10.32028/9781803272337].
Rienjang, W. and Stewart, P., eds. (2023), *Gandhāran Art in its Buddhist Context: Papers from the Fifth International Workshop of the Gandhāra Connections Project, University of Oxford, 21st-23rd March, 2022* (Oxford: Archaeopress) [DOI: https://doi.org/10.32028/9781803274737].
Robert C. (1904), *Die antiken Sarkophag-reliefs*, vol. 3, part 2, *Einzelmythen: Hippolytos - Meleagros* (Berlin: G. Grote'sche Verlagsbuchhandlung).
Roberts, M. and Dovoli, S. (n.d.), 'The International Dr G.W. Leitner Trail' <http://jtrails.org.uk/trails/international-dr-g-w-leitner-trail>.
Rosenfield, J.M. (1967), *The Dynastic Arts of the Kushans* (Berkeley and Los Angeles: University of California Press).
Rowland, B. (1936), 'A Revised Chronology of Gandharan Sculpture', *Art Bulletin* 18: 387-400.
Rowland, B. (1942), 'Gandhāra and Late Antique Art: The Buddha Image', *American Journal of Archaeology* 46: 223-36.
Rowland, B. (1945), 'Gandhara and Early Christian Art: Buddha Palliatus', *American Journal of Archaeology* 49/4: 445-8.
Rowland, B. (1956), 'Gandhara, Rome and Mathura: The Early Relief Style', *Archives of the Chinese Art Society of America* 10: 8-17.
Ruegg, D.S. (2004), 'Aspects of the Study of the (Earlier) Indian Mahāyāna', *Journal of the International Association of Buddhist Studies* 27: 3-62.
Santoro, A. (1991), 'Note di iconografia gandharica V: appunti sul Vajrapāni-Eracle', *Rivista degli Studi Orientali* 65: 269-309.
Saranidi, V. (1980), 'The Treasure of Golden Hill', *American Journal of Archaeology* 84/2: 125-31.
Schlumberger D. (1960a), 'Descendants non-méditerranéens de l'art grec (part 1)', *Syria* 37/1-2: 131-66.
Schlumberger, D. (1960b), 'Descendants non-méditerranéens de l'art grec (part 2)', *Syria* 37/3-4: 253-319.

Schopen, G. (1987), '"Burial Ad Sanctos" and the Physical Presence of the Buddha in Early Indian Buddhism: A Study in the Archaeology of Religions', *Religion* 17: 193-225.

Sharma, R.C. (1984), *Buddhist Art of Mathura* (New Delhi: Agam Kala Prakashan).

Sharma, R.C. and Ghosal, P., eds. (2004), *Buddhism and Gandhāra Art* (Shimla: Indian Institute of Advanced Study; Varanasi: Jñaña-Pravāha; New Delhi: Aryan Books International), 108-16.

Shimada, A. and Willis, M., eds. (2016), *Amaravati: The Art of an Early Buddhist Monument in Context* (London: British Museum).

Smith, R.R.R. (1998), 'Cultural Choice and Political Identity in Honorific Portrait Statues in the Greek East in the Second Century AD', *Journal of Roman Studies* 98: 56-93.

Smith, R.R.R. (2006), *Roman Portrait Statuary from Aphrodisias* (Mainz: Philipp von Zabern).

Soper A.C. (1951), 'The Roman Style in Gandhara', *American Journal of Archaeology* 55: 301-19.

Spagnoli, M. (1995), 'Note sulla genesi figurativa del Buddha gandharico', *Rivista degli studi orientali* 69/3-4: 429-45.

Spagnoli, M. (2002), 'Osservazioni preliminari sull'origine del nimbo gandharico', in B.M. Alfieri *et al.* (eds.), *Oriente e Occidente: scritti in ricordo di Mario Bussagli* (Pisa and Rome: Fabrizio Serra), 259-64.

Srikureja, K.K. (2017), 'Faking It: The Problem of Forgeries in Gandharan Art and the Michael C. Carlos Museum Narrative Frieze', unpublished BA thesis (Atlanta, Emory University) [https://etd.library.emory.edu/concern/etds/qb98mg26k?locale=en].

Stančo L. (2013), *Greek Gods in the East: Hellenistic Iconographic Schemes in Central Asia* (Prague: Karolinum Press).

Stewart, A. (1990), *Greek Sculpture: An Exploration* (New Haven and London: Yale University Press).

Stewart, P. (2016), 'The Provenance of the Gandhāran "Trojan Horse" Relief in the British Museum', *Arts Asiatiques* 71: 3-12.

Stewart, P. (2020), 'Roman Sarcophagi and Gandhāran Sculpture', in Rienjang and Stewart (2020), 50-85 [DOI: https://doi.org/10.32028/9781789696950].

Stewart, P. (forthcoming), 'Art and Empire in the Ancient Roman World', in J. Tanner and A. Gardner (eds.), *Materialising the Roman World* (London: UCL Press).

Stoye, M. (2004), 'Der Dreifuss in gandharischen Szenen zum Ersten Bad des Siddhartha Gautama: Überlegungen zu Herkunft und Bedeutung eines visuellen Zitats (The Tripod in Gandharan Scenes of the First Bath of Siddhartha Gautama: Reflections on the Provenance and

Meaning of a Visual Quote)' [with English Summary], *Artibus Asiae* 64/2: 141-76.

Stoye, M. (2008), 'The Deva with the Swaddling Cloth – On the Western Origins of Gandhāran Birth Iconography and their Implications for the Textual and Art History of the Buddhist Saviour's Nativity', in C. Bautze-Picron (ed.), *Religion and Art: New Issues in Indian Iconography and Iconology. Proceedings of the 18th Conference of the European Association of South Asian Archaeologists, London 2005* (London: British Association for South Asian Studies), 1-25.

Sun, Y. 孙英刚 and He P. 何平. (2018), Jiantuoluo wenming shi 犍陀罗文明史 [A History of Gandhara Civilization] (Beijing: SDX Joint Publishing).

Taddei, M. (2015), 'Narrative Art between India and the Hellenistic World', *Journal of Transcultural Studies* 6: 34-74.

Talarico, F. *et al.* (2015), 'Caratterizzazione dei materiali pittorici provenienti dal Gandhara', in S. Pannuzi (ed.), *Gandhara: tecnologia, produzione e conservazione. Indagini preliminari su scultura in pietra e in stucco del Museo Nazionale d'Arte Orientale 'Giuseppe Tucci'* (Rome: Gangemi), 52-60.

Tanabe, K. (1988), 'Iconographical and Typological Investigations of the Gandharan Fake Bodhisattva Image Exhibited by the Cleveland Museum of Art and the Nara National Museum', *Orient* 24: 84-102.

Tanabe, K. (2003), 'The Earliest *Pâramitâ* Imagery of Gandharan Buddhist Reliefs – A New Interpretation of the So-Called Dionysiac Imagery', *Silk Road Art and Archaeology* 9: 87-105.

Tarzi Z. (2000), 'Vajrāpaṇi-Héraclès de la niche V2 de Tape Shotor de Haḍḍa (Afghanistan)', in *Ktèma* 25: 163-170 [DOI: https://doi.org/10.3406/ktema.2000.2255].

Thonemann, P. (2015), *The Hellenistic World: Using Coins as Sources* (Cambridge: Cambridge University Press).

Thonemann, P. (2016), *The Hellenistic Age: A Very Short Introduction* (Oxford: Oxford University Press).

Thorley, J. (1979), 'The Roman Empire and the Kushans', *Greece and Rome* 28: 181-90.

Tissot, F. (2002), *Gandhâra*, 2nd edn. (Paris: Librairie d'Amérique et d'Orient).

Tissot, F. (2006), *Catalogue of the National Museum of Afghanistan 1931-1985* (Paris: UNESCO) [https://unesdoc.unesco.org/ark:/48223/pf0000148244.locale=en].

Tribulato, O. and Olivieri, L.M. (2017), 'Writing Greek in the Swat Region: A New Graffito from Barikot (Pakistan)', *Zeitschrift für Papyrologie und Epigraphik* 20014: 128-35.

Vasunia, P. (2022), 'A God in Translation? Dionysus from Lucian to Gandhara', in E. Papadodima (ed.), *Ancient Greek Literature and the Foreign* (Berlin: De Gruyter), 73-97.

Vendova, D. (2023), 'Solving the Riddle of the "Muhammad Nari Stele": A New Look', in Rienjang and Stewart (2023), 42-59.

Verri, G., Luczanits, C., Borges, V., Barnard, N., and Clarke, J. (2019), 'Investigations of a Gandharan Stucco Head of the Buddha at the Victoria and Albert Museum (IM.3-1931)', *Techne* 48: 136-49 [DOI: https://doi.org/10.4000/techne.2792].

Veuve, S. (1987), *Fouilles d'Aï Khanoum VI. Le Gymnase: architecture, ceŕamique, sculpture* (Paris: Boccard).

Walbank, F. (1981), *The Hellenistic World* (London: Fontana).

Wang, H. (2022), 'Gandhāra in the News: Rediscovering Gandhāra in *The Times* and Other Media', in Rienjang and Stewart (2022), 189-215.

Wheeler, R.E.M. (1949), 'Romano-Buddhist Art: An Old Problem Restated', *Antiquity* 23: 4-19.

Whitehouse, D. (1989), 'Begram, the *Periplus* and Gandhara', *Journal of Roman Archaeology* 2: 93-100.

Yaldiz, M. (ed.) (2000), *Magische Götterwelten: Werke aus dem Museum für Indische Kunst, Berlin* (Berlin : Staatliche Museen zu Berlin, Preussischer Kulturbesitz, Museum für Indische Kunst).

Yi, J.L. (2018), *Yungang: Art, History, Archaeology, Liturgy* (Abingdon: Routledge).

Zanker P. and Ewald B. (2012), *Living with Myths: The Imagery of Roman Sarcophagi* (Oxford: Oxford University Press.

Zhang, J. (2018), 'To Brand Gandhara, the Ancient Buddhist Centre: Pakistan's Potential to Develop Buddhist Tourism', in S. Yasuda *et al.* (eds.), *Religious Tourism in Asia: Tradition and Change through Case Studies and Narratives* (Wallingford: CABI), 127-37.

Zwalf, W. (1996), *A Catalogue of the Gandhāra Sculpture in the British Museum*, 2 vols. (London: British Museum Press).

图注总录与图片来源

图1：白沙瓦河谷主要犍陀罗遗址分布图（Dirk Fabian, ingraphis; copyright Kunst- und Ausstellungshalle der Bundesrepublik Deutschland）。

图2：塔克西拉锡尔卡普遗址向南鸟瞰图（Copyright: Saiyu Travel Co. Ltd.）。

图3：所谓“调色盘”或“盥洗盘”，滑石材质，来自班努的阿克拉丘，约公元1、2世纪，饰有阿耳忒弥斯与阿克泰翁神话的古典图像。伦敦，大英博物馆，藏品编号1936,1223.1（Photo: copyright The Trustees of the British Museum; shared under a Creative Commons Attribution-NonCommercial- ShareAlike 4.0 International［CC BY-NC-SA 4.0］licence）。

图4：展现赫拉克勒斯的红玉髓宝石印章（雕刻印章石）。于阿富汗发现并据信在此制造，约公元1-3世纪。伦敦，大英博物馆，藏品编号1880.3544（Photo: copyright The Trustees of the British Museum; shared under a Creative Commons Attribution-NonCommercial-ShareAlike 4.0 International［CC BY- NC-SA 4.0］licence）。

图5：展现僧侣礼拜佛塔的犍陀罗片岩浮雕像，约公元2、3世纪。柏林，亚洲艺术博物馆，藏品编号I 5760（Photo: Staatliche Museen zu Berlin, Museum für Asiatische Kunst/ CC BY-SA 4.0）。

图6：塔赫特巴依寺院向北景观。最近庭院内的方形结构为主佛塔基座；相邻庭院内遍布小佛塔（（Photo: Muhammad Zahir CC BY-SA 3.0 https://it.m.wikipedia.org/wiki/File:General_View_of_Takht-i-Bahi_Site.JPG）。

图7：滑石舍利函，内含数个小型金舍利匣、一枚护身符及数枚贵霜皇帝维玛·塔克托钱币。来自阿富汗达伦塔的一座佛塔，约公元2世纪。伦敦，大英博物馆，藏品编号1880.98（Photo: copyright The Trustees of the British Museum; shared under a Creative Commons Attribution-NonCommercial- ShareAlike 4.0 International［CC BY-NC-SA 4.0］licence）。

图8：来自某座犍陀罗纪念建筑的片岩浮雕像（窣堵波台阶立面？），约公元1、2世纪。这些场景展示了身着不同服装的人物舞蹈、饮酒和奏乐。克利夫兰，俄亥俄州，克利夫兰艺术博物馆，藏品编号1930.328（Photo: Cleveland Museum of Art, CC0 licence）。

图9：彩绘贴金灰泥女子头像（部分修复），于罗赫里一处佛教遗址发现，约公元2、3世纪。拉合尔博物馆，藏品编号G-388（Photo: Suzuki Kaku/ Alamy Stock Photo）。

图10：小型片岩立佛像（高50.8厘米），约公元3世纪。纽约，大都会艺术博物馆，藏品编号67.154.5（Photo: Metropolitan Museum of Art, CC0 licence）。

图11：禁食的悉达多/佛陀片岩雕像，来自锡克里，公元2-4世纪。拉合尔博物馆，藏品编号2099（Photo: after Ingholt 1957: no. 52［Islay Lyons］）。

图12：毕马兰舍利函，约公元1世纪。金镶石榴石；高6.5厘米。来自阿富汗贾拉拉巴德附近毕马兰2号佛塔。梵天与帝释天立于正面向的施无畏印立佛两侧。伦敦，大英博物馆，藏品编号1900,0209.1（Photo: copyright The Trustees of the British Museum; shared under a Creative Commons Attribution-NonCommercial-ShareAlike 4.0 International［CC BY-NC-SA 4.0］licence）。

图13：来自贾拉拉巴德附近阿辛·珀什遗址的迦腻色伽王金币，约公元127-150年：背面表现立佛像。伦敦，大英博物馆，藏品编号IOC.289（Photo: copyright The Trustees of the British Museum; shared under a Creative Commons Attribution-NonCommercial-ShareAlike 4.0 International［CC BY-NC-SA 4.0］licence）。

图14：罗马大理石阿波罗头像，或来自某件方柱形胸像，约2世纪上半叶。曾属于兰斯当和威廉・伦道夫・赫斯特收藏，并认为表现阿耳忒弥斯。洛杉矶，洛杉矶郡，洛杉矶郡艺术博物馆，藏品编号49. 23. 5b(Photo：LACMA，public domain)。

图15：小型犍陀罗片岩佛头像(高17厘米)，公元2、3世纪。注意与图14的对比，包括轮廓鲜明的眉毛、嘴唇，年轻的肌肤及波状发丝。哥本哈根，国家博物馆，藏品编号(Photo：National Museum，Agnes Lydiksen，CC BY-SA licence)。

图16：云冈第20窟大佛像，中国山西省，约公元460年(主佛像高13. 7米)(Photo：Peter Stewart)。

图17：阿富汗巴米扬东大佛(1977年摄影)，约公元6世纪晚期(高38米)(Photo：Phecda109 〈https://en.wikipedia.org/wiki/Buddhas_of_ Bamiyan#/media/File:BamyanBuddha_Smaller_1.jpg〉，Public Domain.)。

图18：弥勒菩萨片岩立像，约公元3世纪。左手原持水瓶；这与发型一起将其与其他菩萨相区分。纽约，大都会艺术博物馆，藏品编号1991. 75(Photo： Metropolitan Museum of Art CC0 licence)。

图19：莫罕默德・纳里饰板，片岩雕刻，公元3世纪(高119厘米)。佛陀坐在莲座上，周围环绕化佛与诸多菩萨。该浮雕像可能为某座佛龛而造。拉合尔博物馆，藏品编号G-155(Photo：courtesy of the Warburg Institute，London；CC BY-NC 3. 0 licence)。

图20：犍陀罗片岩浮雕残片，包括佛陀追随者中的执金刚神，约公元2、3世纪。注意他的狮皮、长剑与类似棍棒的金刚杵。伦敦，大英博物馆，藏品编号1970, 0718. 1(Photo：copyright The Trustees of the British Museum；shared under a Creative Commons Attribution-NonCommercial-ShareAlike 4. 0 International [CC BY-NC-SA 4. 0] licence)。

图21：参与佛陀初说法的赫拉克勒斯—执金刚神泥塑像。阿富汗哈达塔帕・肖托尔佛寺V2龛，约公元2世纪后半叶？(1992年被毁)(Photo：after of Tarzi [2000]，pl. 2)

图22：展现舞蹈与奏乐的犍陀罗片岩浮雕像。此类图像的佛教内涵存在争议。纽约，大都会艺术博物馆，藏品编号13. 96. 23(Photo：Metropolitan Museum of Art CC0 licence)。

图23：来自一座小佛塔的犍陀罗片岩浮雕像(其形状遵循塔身曲度)。担花环的“普蒂”饰带，约公元2、3世纪。柏林，亚洲艺术博物馆，藏品编号I 188(Photo：Staatliche Museen zu Berlin，Museum für Asiatische Kunst/ CC BY-SA 4. 0)。

图24：带有担花环厄洛特斯(丘比特)的罗马大理石棺。于西里西亚塔尔苏斯发现，公元3世纪早期。纽约，大都会艺术博物馆，藏品编号70. 1(Photo：Metropolitan Museum，CC0 licence)。

图25：来自贾马尔加希的有翼“阿特拉斯”犍陀罗片岩雕像，约公元2、3世纪。牛津，阿什莫林博物馆，藏品编号EA2015. 411(Photo： Ashmolean Museum，University of Oxford)。

图26：来自塔赫特巴依的诃利帝、般阇迦犍陀罗片岩浮雕像，约公元2、3世纪。诃利帝的姿势、盛满水果的丰饶角，以及自其右肩垂落的束腰袍，均为例如堤喀/福尔图娜等希腊—罗马女神的特征。伦敦，大英博物馆，藏品编号1950, 0726. 2(Photo：copyright The Trustees of the British Museum；shared under a Creative Commons Attribution-NonCommercial- ShareAlike 4. 0 International [CC BY-NC-SA 4. 0] licence)。

图27：表现摩耶之梦的犍陀罗片岩浮雕像，约公元2世纪。她睡在奢华的躺椅上，由仆人及侍卫陪伴。代表未来的佛陀的大象雕刻在王后上方现已损坏的光环中。纽

约，大都会艺术博物馆，藏品编号1976. 402(Photo: Metropolitan Museum, CC0 licence)。

图28：表现佛陀诞生的犍陀罗片岩浮雕像，约公元2、3世纪。约19世纪晚期在犍陀罗地区发现。从风格与技术的相似性来看，似乎与图36来自同一座佛塔。牛津，阿什莫林博物馆，藏品编号EAOS. 3(Photo: Ashmolean Museum, University of Oxford)。

图29：表现太子沐浴的犍陀罗片岩浮雕像。白沙瓦博物馆，藏品编号2071(图源：Photo: after Ingholt 1957: no. 16 [Islay Lyons].)。

图30：罗马石棺浮雕残片，约公元2世纪晚期。马德里，普拉多博物馆，藏品编号E000140(Photo: copyright Museo Nacional del Prado)。

图31：犍陀罗片岩浮雕像，表现年幼的悉达多(未来的佛陀)在猿猴协助下进行射箭比赛，来自塔赫特巴依，约公元2、3世纪。伦敦，大英博物馆，藏品编号1900, 0414. 3(Photo: copyright The Trustees of the British Museum; shared under a Creative Commons Attribution-NonCommercial-ShareAlike 4. 0 International [CC BY-NC-SA 4. 0] licence)。

图32：表现悉达多夜半逾城的犍陀罗浮雕像。来自罗里延・唐盖，公元2、3世纪。加尔各答，印度博物馆(Photo: courtesy of the Warburg Institute, London; CC BY-NC 3. 0 licence)。

图33：罗马石棺浮雕细节，表现耶稣基督进入耶路撒冷。来自罗马梵蒂冈地区，公元4世纪。梵蒂冈博物馆(Musei Vaticani)，庇护基督教博物馆(Museo Pio Cristiano)，藏品编号31461(Photo: University of Michigan Library: Art Images for College Teaching/Allan T. Kohl, CC0.)。

图34：犍陀罗片岩浮雕像，表现佛陀在菩提树下成道，约公元2、3世纪。华盛顿特区，国家亚洲艺术博物馆，华盛顿特区，藏品编号F1949. 9b(Photo: courtesy of National Museum of Asian Art)。

图35：犍陀罗片岩浮雕像，表现魔王波旬的魔军，约公元2、3世纪。拉合尔博物馆，藏品编号A4 81(Photo: courtesy of the Warburg Institute, London; CC BY-NC 3. 0 licence)。

图36：犍陀罗片岩浮雕像，表现佛陀之死(大般涅槃)，约公元2、3世纪。19世纪晚期在犍陀罗地区发现。似乎与图28同属一座佛塔建筑。注意画面左侧的执金刚神。牛津，阿什莫林博物馆，藏品编号EAOS. 10(Photo: Ashmolean Museum, University of Oxford)。

图37：表现年轻女子的临终床与举哀者的罗马大理石棺。公元2世纪晚期。伦敦，大英博物馆，藏品编号1805, 0703. 144(Photo: copyright The Trustees of the British Museum; shared under a Creative Commons Attribution-NonCommercial-ShareAlike 4. 0 International [CC BY-NC-SA 4. 0] licence)。

图38：犍陀罗片岩浮雕像，表现燃灯佛授记，公元2、3世纪。拉合尔博物馆，藏品编号586(Photo: courtesy of the Warburg Institute, London; CC BY-NC 3. 0 licence)。

图39：犍陀罗尸毗王本生浮雕像，约公元2世纪。伦敦，大英博物馆，藏品编号1805, 0703. 144(Photo: copyright The Trustees of the British Museum; shared under a Creative Commons Attribution-NonCommercial-ShareAlike 4. 0 International [CC BY-NC-SA 4. 0] licence)。

图40：罗马多利亚・潘菲利宫藏罗马石棺侧面惩罚马西亚斯场景的线描图。来自罗马奥勒良道，约公元230年(Image: after Robert (1904), pl. 67; copyright Universitätsbibliothek Heidelberg, Open Access <https://digi.ub.uni-heidelberg.de/diglit/asr3_2/0236>.)。

图41：少将亚历山大・坎宁安爵士(约1885年)坐在来自贾马尔加希的造像旁(Photo: courtesy of Leiden University Libraries, P-043. 600/ Box 468.)。

图42：亚历山大·凯迪1896年的摄影作品，记录了不久前在罗里延·唐盖发现的造像。伦敦，大英图书馆，图书馆序号：Photo 1003/(1042(courtesy of the British Library Board)。

图43：一位僧侣的彩绘灰泥头像，或来自阿富汗哈达，约公元4、5世纪。这本是更大佛教叙事场景的一部分。五官的写实感接近希腊化时期的希腊和罗马肖像。伦敦，大英博物馆，藏品编号1978,0306.1(Photo: copyright The Trustees of the British Museum; shared under a Creative Commons Attribution-NonCommercial-ShareAlike 4.0 International [CC BY-NC-SA 4.0] licence)。

图44：一位悲痛的佛陀追随者，表现大般涅槃片段的犍陀罗片岩浮雕细节，约公元2、3世纪。伦敦，维多利亚与艾尔伯特博物馆，藏品编号IS.7-1948(Photo: copyright Victoria and Albert Museum, London)。

图45：带有浮雕缪斯女神像的罗马儿童石棺，来自奥斯提亚的伊索拉·萨克拉墓地，约公元2世纪末。奥斯提亚安提卡，奥斯提亚博物馆(Museo Ostiense)，藏品编号59954、59955(Photo: copyright Eric Vandeville/akg-images)。

图46：带有站立人物的犍陀罗台阶立面浮雕像，来自塔赫特巴依，约公元2、3世纪。伦敦，大英博物馆，藏品编号1900,0414.13(Photo: copyright The Trustees of the British Museum; shared under a Creative Commons Attribution-NonCommercial-ShareAlike 4.0 International [CC BY-NC-SA 4.0] licence)。

图47：表现诃利帝与般阇迦的小型犍陀罗片岩浮雕像(高18厘米)，约公元2、3世纪。牛津，阿什莫林博物馆，藏品编号EA1962.42(Photo: Ashmolean Museum, University of Oxford)。

图48：展现“木马”场景的犍陀罗片岩浮雕像，来自洪德，公元2世纪。伦敦，大英博物馆，藏品编号OA 1990.10-13.1(Photo: copyright The Trustees of the British Museum; shared under a Creative Commons Attribution-NonCommercial-ShareAlike 4.0 International [CC BY-NC-SA 4.0] licence)。

图49：展现特洛伊战争场景的罗马大理石棺盖细节，约公元2世纪晚期。牛津，阿什莫林博物馆，藏品编号AHMichaelis.111(Photo: Ashmolean Museum, University of Oxford)。

图50：米南德一世银币(四德拉克马)。钱币正面展现国王侧面头像，佩戴头盔与带状皇冠；希腊铭文读作“属于救世主米南德王”。反面展现女神雅典娜的传统立像及犍陀罗语铭文(佉卢文字体书写)“属于救世主米南德大王”。 纽约，美国钱币学会，藏品编号inv. 1995.51.125(Photo: ANS, Public Domain Mark)。

图51：石灰石丧葬碑(墓碑)，浮雕一位身穿斗篷的年轻人，来自阿伊哈努姆墓地，约公元前2、3世纪。喀布尔，阿富汗国家博物馆，藏品编号MK 05.42.15(Photo: H. Sinica, CC BY-SA 2.0 <https://flic.kr/p/2hJooGb>)。

图52：带绿松石镶嵌的小金像，原用以装饰蒂拉丘地6号墓一具女性遗体，约公元1世纪中叶。有翼女神改编自阿芙洛狄忒的古典图像。喀布尔，阿富汗国家博物馆，藏品编号MK 04.40.9(Photo: H. Sinica, CC BY-SA 2.0 <https://flic.kr/p/2hJkG5a>)。

图53：彩绘战士陶塑像，来自乌兹别克斯坦卡尔查延宫殿大厅的一处战斗场景，公元前1世纪。铁尔梅兹，考古博物馆(Photo: Nicoletta Stofkoper, CC0 Universal licence)。

图54：来自塞杜沙里夫一号窣堵波饰带的“绘画风格”片岩浮雕像，约公元50-70年。大象向悉达多献礼的场景片段。斯瓦特博物馆，藏品编号S 1112(Photo: copyright Italian Archaeological Mission in Pakistan/Luca M. Olivieri)。

图55：来自贝格拉姆宝藏的小型石膏青年浮雕像（高22.3厘米），约公元1世纪。喀布尔，阿富汗国家博物馆，藏品编号MK 04.1.17（Photo：Marco Prins，CC0 1.0 Universal licence）。

图56：罗马大理石棺盖，表现酒神狄奥尼索斯/巴克斯的诞生及婴儿期的场景，约公元190年，于罗马“利西尼墓”发现。注意树及拱门以使人联想起譬如图57所示犍陀罗台阶立面浮雕像的方式建构了场景。巴尔的摩，沃尔特斯艺术博物馆（Walters Art Museum），藏品编号23.31（Photo：Walters Art Museum，CC0 licence）。

图57：来自贾马尔加希的犍陀罗台阶立面片岩浮雕像。注意形式、构图及人物与例如图56中罗马棺盖的相似性。白沙瓦博物馆（Photo：courtesy of the Warburg Institute，London；CC BY-NC 3.0 licence）。

图58：小型铜鎏金坐佛像，约2、3世纪（？）。剑桥，马萨诸塞州，哈佛艺术博物馆，藏品编号1943.53.80.A（Photo：copyright the President and Fellows of Harvard College）。

图59：巴基斯坦的考古遗产7卢比邮票，1999年巴基斯坦（Photo：courtesy of Stampex Indian Stamp Company）。

图60：6、7世纪的加哈纳巴德大佛，被塔利班以偶像为名义炸毁之后，2007年9月；在这幅图片中，面部的破损被加固以进行保护（Photo：Yusra.Amin 123 https://commons.wikimedia.org/wiki/File:Buddhist_rock_carvings,_Manglawar,_Pakistan.jpg，image licensed under Creative Commons Attribution-Share Alike 4.0 International licence）。